Die

Strategie des Perikles

erläutert durch

die Strategie Friedrichs des Großen.

Mit einem Anhang

über

Thucydides und Kleon.

Von

Hans Delbrück.

Berlin.

Druck und Verlag von Georg Reimer.

1890.

Vorrede.

Die moderne Geschichtswissenschaft ist ganz besonders stolz auf ihre historische Methode. Diese Methode soll zu einer solchen Exactheit und Zuverlässigkeit ausgebildet sein, daß jeder junge Mann, der seine Vorlesungen gehört und vier Semester im historischen Seminar gearbeitet hat, befähigt wird, ein selbständiger Gelehrter zu sein und die Wissenschaft mit echten und zuverlässigen Neuerwerbungen zu bereichern. Ich halte diese Vorstellung und damit den Werth eines erheblichen Theils dieser Production für Illusion. Echte Kritik ist nicht möglich ohne Sachkritik, und Sachkritik ist nicht möglich ohne Sachkenntniß. Wer kann behaupten, daß von der wirklichen Natur politischer und diplomatischer, kirchlicher, höfischer, wirthschaftlicher, militärischer, administrativer, commercieller Vorgänge die große Mehrzahl der heute in der Historie arbeitenden Gelehrten eine für zuverlässige Sachkritik ausreichende Kenntniß habe?

Die Muse der Geschichtschreibung aber ist eine strenge Göttin. Sie duldet nicht, daß halbes Können oder halbes Wissen auch halbwegs zum Ziel führe, sondern sendet solche halbwegs ausgestatteten Jünger völlig in die Irre.

Zu zeigen, in welche Sümpfe man mit dieser „Methode“ endlich gerathen kann, ist dieser Studie ein parodistisches Capitel eingeflochten. Es hat seine Bedeutung für sich, auch ganz losgelöst von dem speciellen Anlaß. Es soll beweisen, daß es eine Kleinigkeit ist, mit der „historischen Methode“, wie sie heute gehandhabt wird, aus dem größten Mann einen Fratz, aus den ungeheuersten Ereignissen ein Intriguenstück zu machen.

Um mir Gewißheit zu verschaffen, ob ich mit meinem Skepticismus auch nicht zu weit gehe, habe ich auf die Theorie eine praktische Probe gemacht. Ein Autor, der eine Parodie schreibt, pflegt das ja nicht gleich im Titel zu verrathen. Ich ließ mir also, als der erste Theil dieser Studie in den „Preußischen Jahrbüchern“ erschien, von der „Parodie“ eine Anzahl Separat-Abzüge machen, auf denen die Ueberschrift weggelassen wurde und versandte sie an Persönlichkeiten, denen ich Kenntniß der Dinge zutrauen durfte. Jetzt mußte es sich zeigen, ob meinem Versuch wirklich jener Grad der Naturwahrheit eigne, der die echte, d. h. die begründete Parodie kennzeichnet. Meine Erwartungen gingen nur zu sehr in Erfüllung. Ich hatte das Schriftchen, unter anderen auch an die „Jahrbücher für die deutsche Armee und Marine verantwortlich geleitet von dem Oberstleutnant a. D. E. Schnackenburg“ geschickt und im Novemberheft dieser Monatsschrift findet unter der Ueberschrift „Ein seltsamer litterarischer Vorgang“ der Leser den Beweis, daß die Redaction der „Jahrbücher für die deutsche Armee und Marine“ — die Parodie nicht als solche erkannt hat. Sie hat sie nicht erkannt, obgleich ihr mein Standpunkt bezüglich der Friedericianischen Strategie keineswegs fremd, obgleich Kriegsgeschichte ein wesentlicher Theil ihrer Arbeit, obgleich ich vor Monaten erst in ihren eigenen Spalten meine Auffassung dargelegt habe. Aber die Redaktion der „Jahrbücher für die deutsche Armee und Marine" mag sich trösten; ich kann ihr sagen, daß es competenten Urtheilern des historischen Faches nicht viel anders ergangen ist*), und die Zahl der Historiker, die im Stande sind die „Parodie" zu widerlegen d. h. den absurden Punkt in dem Beweise, daß Friedrich der Große ein schöngeistiger Schwächling gewesen, aufzuzeigen, möchte, wenn ihnen das Capitel außerhalb des Zusammenhangs dieser Studie vorgelegt wird, recht gering sein.

Haben wir also, frage ich, wirklich jene berühmte, zuverlässige „historische Methode", da es doch möglich ist, in ihr und mit ihr aus einem Perikles und einem Friedrich Carricaturen zu machen, ohne sofort sei es als Dilettant, sei es als Spaßmacher erkannt zu werden?

Wenn es so mit Perikles und Friedrich steht, wenn man erst die sachlichen Ungeheuerlichkeiten gelesen haben wird, die

*) Die „Jahrbücher für die deutsche Armee und Marine" haben übrigens in ihrem neusten Heft (Bd. 73 S. 370) einen neuen sehr schönen Beitrag zur Strategie des großen Königs gebracht, den ich als Nachtrag zu S. 13 dieses Buches hier wiedergebe. Es ist folgende aus einem Buche des Friedericianischen Mil.-Schriftstellers Carl v. Seidl ausgegrabene Erzählung:

„Seine Majestät äußerten unlängst zu einem Ihrer Officiere: Man sagt, ich liefere gern Schlachten. Man thut mir Unrecht. Man beurtheilt mich nach dem siebenjährigen Kriege; ich befand mich da mehrentheils in einer außerordentlichen Situation, ich mußte also auch außerordentliche Mittel anwenden, mußte anders als nach den gewöhnlichen Regeln handeln. Ich verliere nicht gern brave Leute."

einmal klargestellt sofort jedem Laien einleuchten — wie wird es mit dem Urtheil über geringere Persönlichkeiten stehen, wie mit dem Verständniß für Dinge, die ebenso wesentlich, ebenso sicher in ihrer sachlichen Nothwendigkeit, doch nicht so ganz ohne Studium klar aufgefaßt werden können?

In dem Voraufgehenden liegt die Rechtfertigung meines Unterfangens, in der alten Geschichte zu arbeiten. So wenig wie in meinen „Perser- und Burgunderkriegen", deren Fortsetzung die vorliegende Studie gewissermaßen bildet, ist es neue Quellenforschung im üblichen Sinne, die ich biete oder zu der ich mich auch nur qualificirt halten könnte. Das Neue, was ich bringe, entspringt nicht der Wiederholung des Studiums der griechischen Quellen, sondern allein dem Studium des Kriegsgeschichtlich-Technischen, nicht der Quellen- sondern der Sach-Kritik.

In der Vorrede zu meinen „Perser- und Burgunderkriegen" (Berlin, Walther & Apolant 1887), sowie in dem Aufsatz „Etwas Kriegsgeschichtliches" im 60. Bande der „Preußischen Jahrbücher" habe ich mich eingehender über die Grundsätze der Forschung und Darstellung ausgesprochen, die mich bei diesen Studien geleitet haben und will hiermit auf diese Stellen verweisen.

Der Anhang über Thucydides und Kleon erscheint hier zum ersten Mal. Der Haupttheil, die Perikles-Studie ist so gut wie gleichlautend zuerst erschienen im 64. Bande der „Preußischen Jahrbücher".

Hans Delbrück.

Inhaltsverzeichniß.

Seite

1. Der Ursprung des Problems und die Methode der Behandlung 1
2. Clausewitz' „zweite Art" der Strategie 6
3. Friedrich der Große als Feldherr. Eine methodologische Parodie 30
4. Die Ansicht Dunckers und Anderer 48
5. Ueber das Quellen-Material 61
6. Der Kriegsplan des Perikles 77
7. Die drei ersten Feldzüge des Peloponnesischen Krieges (431—429) 108
8. Ursprung und Einleitung des Peloponnesischen Krieges . . 136
9. Der samische Feldzug. 440/439 156
10. Die früheren Feldzüge des Perikles 166

Anhang: Zwei kriegsgeschichtliche Untersuchungen betreffend Thucydides und Kleon 177

1. Der Ursprung des Problems und die Methode der Behandlung.

Der Zwiespalt in der Auffassung der Strategie des Perikles hat, wie ich das früher schon einmal gelegentlich ausgesprochen habe*) seinen letzten Grund nicht in der Quellenforschung, sondern in der Theorie. Von einem falschen strategischen Theorem ausgehend, von da an aber mit zutreffender innerer Consequenz ist der vornehmste Vertreter der Auffassung, die ich zu bekämpfen haben werde, Max Duncker, zu seinem Endurtheil gelangt. Von dem Theorem aus muß also auch unsere Untersuchung ihren Lauf nehmen.

Nicht willkürlich wird dabei gerade die Strategie Friedrichs des Großen von mir zur Parallele herangezogen. Ich glaube sogar sagen zu dürfen, daß ich nicht der Erste bin, der sie zieht; sie hat bereits stillschweigend Dunckers Räsonnement zu Grunde gelegen. Seine falsche Theorie deckt sich historisch mit einer falschen Auffassung der Fridericianischen Strategie. Wie diese falsche Auffassung entstanden, wie sie neuerdings durch die Publication der Fridericianischen Pa=

*) Preußische Jahrbücher Bd. 60 S. 608.

piere zerstört worden ist, ist ein Stück Wissenschaftsgeschichte, das wir zu völliger Klarstellung unserer Untersuchung vorausschicken müssen.

Als Clausewitz im Jahre 1827 die „Nachricht" über den Stand seines Werkes „Vom Kriege" niederschrieb, die jetzt als eine Art Einleitung an der Spitze abgedruckt ist, da erschien ihm seine Arbeit noch als eine „ziemlich unförmliche Masse", die „durchaus noch einmal umgearbeitet werden solle". Für diese Umarbeitung sollten namentlich zwei Gesichtspunkte schärfer im Auge behalten und dadurch „mehr Einheit in die Betrachtung gebracht" „Schlacken losgelöst und manche Spalte und Kluft zusammengezogen werden", nämlich daß es eine doppelte Art des Krieges gäbe und zweitens, daß der Krieg nichts sei als die fortgesetzte Politik mit anderen Mitteln.

Diese Umarbeitung ist dem großen Denker nicht mehr vergönnt gewesen durchzuführen. Das siebente und achte Buch, welches letztere beim Niederschreiben der „Nachricht" von ihm noch als „ein bloßes rohes Durcharbeiten durch die Masse" betrachtet wurde, sollten zunächst in Angriff genommen werden und sind in diesem Sinne ausgearbeitet worden, aber nach der jüngsten, nicht lange vor dem Tode niedergeschriebenen Notiz, die an die „Nachricht" angehängt ist, sah der Autor auch diese Arbeit noch nicht als abgeschlossen an.

In dem Werke „Vom Kriege", wie er es uns hinterlassen hat, ist also wesentlich nur eine Art der Strategie entwickelt und zwar naturgemäß diejenige, welche in unserer Epoche die praktisch herrschende ist. Ihr hat Clausewitz das klassische, endgültig abgeschlossene theoretische System gegeben.

Ueber die zweite Art aber hat er Systematisches nicht hinterlassen; in den älteren, historischen Werken ist bei ihm selbst der Gedanke naturgemäß noch nicht zu völliger Klarheit herausgearbeitet. Trotz seines so bestimmten Ausspruchs in der „Nachricht" und häufiger Hinweise in dem Werke selbst ist daher das Bewußtsein der Doppeltheit der Strategie in der nächsten Generation fast verloren gegangen. Da die „erste Art der Kriegführung" die der Gegenwart ist, so war, was fehlte, ja nur von abstracter oder historischer Bedeutung. Die Praktiker also, die Militärs waren befriedigt. Gelehrte haben sich auf dies Gebiet nicht begeben; man glaubte für das historische Urtheil in Kriegssachen ohne durchgebildete Theorie auskommen zu können.

Je mehr sich die historischen Studien nun aber vertieften, desto mehr mußte allmählich auch das Bedürfniß eines theoretisch genügend fundirten kriegsgeschichtlichen Urtheils hervortreten. Man ging einen Schritt in dieser Richtung vorwärts, gerieth aber sofort auf einen falschen Weg.

Unter dem natürlichen Einfluß der Praxis der Epoche und bei der Unfertigkeit des Clausewitz'schen Systems gerade an diesem Punkte, hatte sich in mehr oder weniger bewußter Weise allmählich die Meinung festgesetzt, daß es doch thatsächlich nur ein wahres und natürliches System der Strategie, eben das der Gegenwart, gäbe und daß alle Abweichungen in der Geschichte mehr oder weniger entschuldbare oder erklärliche Unvollkommenheiten darstellten. Von Friedrich dem Großen waren nun allerdings Handlungen und Aeußerungen vorhanden in großer Fülle, die mit dieser Auffassung nicht in Einklang zu bringen waren. Aber die Beschäftigung mit seiner Kriegführung wurde noch nicht ausgebreitet und systematisch genug betrieben, um solchen auffälligen Erscheinungen bis auf den Grund nachzuspüren. Man behalf sich mit Erklärungen im Einzelnen. Bernhardi machte endlich sogar den Versuch, in einem eigenen Werk wenigstens vom Siebenjährigen Kriege nachzuweisen, daß Friedrich den Grundsätzen der modernen Strategie gehuldigt habe.

Es ist ausdrücklich bezeugt, daß Duncker diesen Nachweis für gelungen angesehen hat. Es gab danach für ihn nicht zwei „Arten" der Strategie, sondern nur eine. Diese Strategie muß auch die für Perikles gültige sein. Das ist die Genesis des Dunckerschen Urtheils. Nach dem Maße jener Theorie hat er die Strategie des Perikles gewogen und zu leicht befunden. Seit dem Erscheinen der „Politischen Correspondenz" über die Anfänge des Siebenjährigen Krieges ist dieser Gedankengang nicht mehr möglich. Die jetzt offenliegende Genesis der Feldzugspläne König Friedrichs, die Menge seiner Aussprüche haben mit überwältigender Wucht den Beweis geliefert, daß seine Strategie in diametralem Gegensatz zu der modernen Theorie und der heute allgemein anerkannten Praxis steht. In vollkommener Harmonie aber befindet sie sich mit Allem, was Clausewitz über die „zweite Art" der Kriegführung an den verschiedensten Stellen ausgesprochen.

Es ist daher nöthig zu Clausewitz zurückzukehren. Man muß sich, um ein historisches Urtheil fällen zu können, klar machen, daß es zwei grundverschiedene Arten der Kriegführung giebt oder gegeben hat, nicht eine vollkommene und eine unvollkommene, eine berechtigte und eine unberechtigte, sondern zwei Arten, welche in den verschiedenen Epochen der Geschichte abwechselnd in Geltung gewesen sind, also neben der heute anerkannten und für die heutigen Verhältnisse allein natürlichen und zulässigen, eine zweite Art, die zu anderen Zeiten und unter anderen historischen Bedingungen ganz ebenso sehr, unter Ausschluß der ersten Art, die allein natürliche und zulässige war. Der Geist der Kriegführung, die kriegerischen Tugenden, Kühnheit, Entschlossenheit, Beharrlichkeit, klares Urtheil bleiben zu allen Zeiten und bei allen großen Feldherren dieselben, die Form aber, die Art der Anwendung, die Mittel zum Zweck gehen nach zwei verschiedenen Richtungen auseinander.

Ich habe keinen Zweifel, daß wenn Clausewitz sein Werk zu Ende geführt hätte, er für das eine System der Strategie so gut wie für das andere die klassische Form gefunden haben würde. Sein Bestreben war, aus der Idee des Krieges in dialektischer Strenge unter fortwährender Kontrolle der directen und indirecten, d. h. der historischen Erfahrung, das wahre Wesen der Strategie zu entwickeln. Nothwendig mußten sich auf diesem Wege nicht nur die zur Zeit brauchbaren, sondern alle Gesetze der Kriegführung, auch die der Vergangenheit, allmählich entfalten. In dieser Form wird die Lücke schwerlich jemals ausgefüllt werden. Die Jünger der Kriegskunst selbst, die Militärs empfinden sie kaum. Andere fühlen sich nicht berufen. Wenigstens nach einer bestimmten Richtung hin aber muß die Arbeit einmal gemacht werden. Die Historie, welche Kriegsthaten und Feldherrn zu beurtheilen in Anspruch nimmt, kann auf die Dauer einer theoretischen Grundlage für ihre Urtheile nicht entwehren. Von dem Augenblick an, wo zugestanden wird, daß zwei verschiedene Systeme der Strategie möglich sind, muß sie suchen beide, so weit ihr Bedürfniß reicht, zu erfassen.

Dem historischen Theil unserer Untersuchung hat also ein theoretischer voranzugehen, nicht eine Entwickelung neuer, originaler Gedanken, sondern eine Zusammenstellung, Bearbeitung und Ergänzung des Vorhandenen, der Ideen Clausewitz's und Friedrichs.

Indem man den Kriegsphilosophen ergänzt aus den Schriften des Königs, die Gedanken Friedrichs in die Formen der Clausewitz'schen Systematik gießt, muß deutlich hervortreten, welches die Grundzüge der „zweiten Art" der Strategie, die Bedingungen ihrer Anwendung, ihre psychologische Reaction auf den Feldherrn ist.

2. Clausewitz' „zweite Art" der Strategie.

Die eine Art des Krieges ist nach Clausewitz' Ausdruck in der „Nachricht" diejenige, „wo der Zweck das Niederwerfen des Gegners ist, sei es, daß man ihn politisch vernichten, oder bloß wehrlos machen und also zu jedem beliebigen Frieden zwingen will"; die andere diejenige, „wo man bloß an den Grenzen seines Reiches einige Eroberungen machen will, sei es, um sie zu behalten, oder um sie als nützliches Tauschmittel beim Frieden geltend zu machen". Diese Formulirung des Gegensatzes bedarf einer sehr sorgfältigen Interpretation, da sie äußerlich, dem Wortlaute nach mit anderen und zwar den fundamentalsten Deductionen Clausewitz' in Widerspruch steht. Das Kapitel „Zweck und

Mittel im Kriege" (zweites Kapitel des ersten Buches) schließt: „Wir haben gesehen, daß es im Kriege vielerlei Wege zum Ziele d. h. zur Erlangung des politischen Zwecks, giebt, daß aber das Gefecht das einzige Mittel ist, und daß darum alles unter einem höchsten Gesetze steht: unter der Waffenentscheidung; daß wo sie factisch vom Gegner in Anspruch genommen wird, dieser Rekurs niemals versagt werden kann, daß also der Kriegführende, welcher einen andern Weg gehen will, sicher sein muß, daß der Gegner diesen Rekurs nicht nehmen, oder seinen Prozeß an diesem höchsten Gerichtshofe verlieren werde, daß also, mit einem Wort, die Vernichtung der feindlichen Streitkraft unter allen Zwecken, die im Kriege verfolgt werden können, immer als der über alles gebietende erscheint."

Wie vereinigt es sich hiermit, daß Clausewitz neben dem Krieg, „wo der Zweck das Niederwerfen des Gegners ist", eine zweite Art statuirt, „wo man bloß an den Grenzen seines Reiches einige Eroberungen machen will?"

Clausewitz fährt fort:

„Was Kombinationen anderer Art im Kriege leisten können, werden wir erst in der Folge und natürlich nur nach und nach kennen lernen. Wir begnügen uns, hier im Allgemeinen ihre Möglichkeit als etwas auf die Abweichung der Wirklichkeit von dem Begriff, auf die individuellen Umstände Gerichtetes anzuerkennen. Aber wir dürfen nicht unterlassen, schon hier die blutige Entladung der Krisis, das Bestreben zur Vernichtung der feindlichen Streitkraft, als den erstgeborenen Sohn des Krieges geltend zu machen. Mag bei kleinen politischen Zwecken, bei schwachen Motiven, geringen Spannungen der Kräfte ein behutsamer Feldherr geschickt alle Wege versuchen, wie er ohne große Krisen und blutige Auflösungen, durch die eigenthümlichen Schwächen seines Gegners, im Felde und im Kabinet, sich zum Frieden hinwindet; wir haben kein Recht, ihn darum zu tadeln, wenn seine Voraussetzungen gehörig motivirt sind und zum Erfolg berechtigen; aber wir müssen doch immer von ihm fordern, daß er sich bewußt bleibe, nur Schleifwege zu gehn, auf denen ihn der Kriegsgott ertappen kann, und daß er den Gegner immer im Auge behalte, damit er nicht, wenn dieser zum scharfen Schwerte greift, ihm mit einem Galanteriedegen entgegentrete."

Während der erste Absatz kaum noch die Möglichkeit einer besonderen zweiten Art des Krieges, die nicht „die Vernichtung der feindlichen Streitkraft" zum Ziele hat, zuzulassen schien, erscheint nun etwas von der „zweiten Kriegsart" in diesem letzten Absatz, aber doch nach Form und Begründung einigermaßen anders als in der „Nachricht". Zunächst erscheint sie als eine Art untergeordneter Species: als ein Schleifweg neben der wahren, großen, direct zum Ziel führenden Heerstraße. Das möge vorläufig auf sich beruhen. Aber die Begründung ist eine andere. In der „Nachricht" entsteht die zweite Art des Krieges dann, wenn man nur eine Grenzprovinz erobern will. Hier heißt es: „bei kleinen politischen Zwecken, bei schwachen Motiven, geringen Spannungen der Kräfte". Die „kleinen politischen Zwecke" möchten sich etwa mit der bloßen Eroberung einer Grenzprovinz identificiren lassen. Dieses Motiv aber hat Clausewitz bei der eigentlichen Ausarbeitung des Systems nicht genügt und es ist leicht zu sehen, daß es thatsächlich nichtgenügend ist. Es stellt offenbar weder einen letzten Grund, noch einen scharfen Gegensatz gegen die „erste Art", dar. Ist es nicht auch dann die sicherste Art seinen Zweck zu erreichen, daß man den „Feind niederwirft", auch wenn man zuletzt nur eine seiner Grenzprovinzen erobern will? 1870 stand es fest, daß Deutschland allerhöchstens Elsaß und Lothringen definitiv behalten werde, zwei nicht sehr große Grenzprovinzen: nichtsdestoweniger ist der Krieg ganz und gar nach dem System des „Niederwerfens" geführt worden. Man würde den wahren Clausewitz völlig verkennen, wenn man aus der „Nachricht" schließen wollte, daß der politische Endzweck des Krieges unmittelbar die Strategie bestimme.

In der Ausarbeitung fügt er deshalb den „kleinen politischen Zwecken" noch generell „schwache Motive" und „geringe Spannungen der Kräfte" hinzu. Was ist unter dem letzten Ausdruck zu verstehen? Wann sind die „Spannungen der Kräfte" gering? Die Antwort findet sich in dem Kapitel „Angriff eines Kriegstheaters ohne Entscheidung" (16. Kap. des 7. Buches), welches den Satz aufstellt, „wenn auch der Wille und die Kraft nicht zu einer großen Entscheidung hinreichen, so kann doch noch die bestimmte Absicht eines strategischen Angriffes vorhanden sein, aber auf irgend ein geringes Objekt gerichtet". Dieser Satz, mit dem ganzen darauf folgenden Kapitel, bildet den eigentlichen Commentar zu der „Nachricht" und dem Kapitel „Zweck und Mittel im Kriege". Bei den „geringen Spannungen" mußten wir fragen: wann finden diese statt? Bei der Bestimmung „bloße Eroberung einer Grenzprovinz" mußten wir sagen:

das mag empirisch die häufigste Form der Erscheinung sein, giebt aber unmöglich den letzten Grund. Hier im siebenten Buch finden wir nun den abschließenden Ausdruck: „wenn der Wille und die Kraft nicht zu einer großen Entscheidung hinreichen".

Der Satz „nur einige Grenz-Eroberungen machen will" ist also nicht zu verstehen von dem politischen Zweck des Krieges, sondern von der strategischen Absicht: man „will" nicht mehr, weil man entweder nicht mehr „kann" oder aus sonst irgend einem Grunde (z. B. weil man ohne eigenes tieferes Interesse und eigene Gefahr nur als Hülfsmacht am Kriege theilnimmt) die Niederwerfungs-Strategie „nicht will".

Hiernach formuliren wir Clausewitz' Ausspruch in der „Nachricht", gemäß dem Geiste seines eigenen Systems und um die Möglichkeit eines Mißverständnisses auszuschließen, etwas anders als er es selbst gethan hat. Wir fassen alle die Mittel, die im Kriege neben dem „Niederwerfen des Feindes" noch in Anwendung kommen können (von Clausewitz namentlich im 16. Cap. des VII. Buches aufgezählt) zusammen in dem Wort „Ermattung" und sagen nun: die eine Art der Strategie ist die des Niederwerfens; die andere ist die der Ermattung, man greift zu ihr (nicht bloß „wenn man nur eine Provinz erobern will", sondern generell) wenn zu der ersten Art der Wille oder die Kraft nicht hinreichen. Das war es, was die Interpretation erst feststellen mußte. Eine gewisse Schwäche sei es des Willens sei es der Kraft ist das Moment, welches die eine Art des Krieges in eine principiell andere verwandelt.

Auch principielle Verschiedenheit schließt, wie kaum nöthig zu bemerken, in der Wirklichkeit nicht aus, daß beide Arten ineinander übergehn. Der Gegensatz der Principien bleibt darum doch. Clausewitz drückt das in der „Nachricht" mit aller Bestimmtheit aus, indem er fortfährt: „Die Uebergänge von einer Art in die andere müssen freilich bestehen bleiben, aber die ganz verschiedene Natur beider Bestrebungen muß überall durchgreifen und das Unverträgliche voneinander sondern."

Passende Namen für die beiden verschiedenen Arten der Kriegführung würden vielleicht nach dem Vorhergehenden „Niederwerfungs-" und „Ermattungs-Strategie" sein. Von anderer Seite ist vorgeschlagen zu sagen: „historisch gewordener" und „absoluter" Krieg*). Diese Bezeichnung gründet

---

*) Scherff in seiner Ausgabe des Werkes „Vom Kriege" in den „Militärischen Klassikern" (1880) „Zur Einführung" Seite III. Der Gegensatz, in dem Caemmerers „Anmerkung" S. 31 „in Friedrichs d. Gr. Feldzugsplan f. d. Jahr 1757" zu meinen Ausführungen steht, ist nur ein scheinbarer; in der Hauptsache sind wir einig. Caemmerer sagt von mir „ich scheine mehr an eine Nebeneinanderstellung verschiedener historischer Erscheinungsformen des Krieges ohne ein bestimmtes Urtheil über den inneren Werth zu denken". Der Autor braucht nur dieses „scheint" zur Gewißheit zu erheben und von hier aus seine Deduction von Satz zu Satz zu ergänzen, so werden wir stets zusammentreffen. Dasselbe wird eintreten bezüglich seiner Interpretation Clausewitz', sobald er in diesem nicht nur einen Lehrer für die Gegenwart sieht, sondern einen umfassenden Geist, der in dem Zusammenhang seines Systems auch die Formen und Erscheinungen der Vergangenheit zu verstehen und geistig zu durchdringen strebte.

Die erste Rückwirkung, die diese Correctur auf die Caemmerer'sche Anmerkung übt, ist eine Aenderung in der Ueberschrift; es darf nicht mehr gegenübergestellt werden „entscheidungsuchende" und „methodische" Kriegführung, denn auch die letztere, in unserem Sinne, schließt das

sich darauf, daß die Entwickelung der letzten Jahrhunderte die gewesen ist, die Kriegsmittel ungemein zu verstärken und infolge dessen die Kriegführenden von der zweiten Art der Strategie zur ersten übergehen zu lassen. Die Bezeichnung ist daher nicht unrichtig in Beschränkung auf die neuere Zeit. Da doch aber auch schon frühere Epochen z. B. unter der Führung Alexanders und Cäsars den „wirklichen oder absoluten Krieg" in diesem Sinn gesehn haben, so ist die Scherff'sche Beziehung doch nicht völlig ausreichend.

Bleiben wir also zunächst bei den Namen „Niederwerfungs-" und „Ermattungs-Strategie" und suchen die Kennzeichen der letzteren im Gegensatz zu der ersteren festzustellen.

Die Strategie, welche darauf ausgeht, den Feind niederzuwerfen, sieht das beste, fast einzige Mittel zu diesem Zweck in der Zerstörung seiner Streitkraft, d. h. in der großen entscheidenden Schlacht. Alle verfügbaren Truppen zusammenzubringen, mit ihnen die Hauptmacht des Feindes anzugreifen, sie zu zerstören und aufzulösen ist das höchste Axiom dieser Strategie. Land, Städte, Stellungen, Magazine sind keine selbständig zu erstrebenden Erwerbsziele; sie fallen dem, der erst die feindliche Armee besiegt hat, von selbst zu. Fünf Meilen den Tag zu marschiren, zu schlagen und zu ruhen, das sei seine ganze Kriegskunst, sagte Napoleon.

1864 das dänische, 1866 das österreichische, 1870 das französische Heer aufzusuchen und zu schlagen, war das Ziel, auf welches die Moltkeschen Feldzugspläne gerichtet waren.

„Entscheidungsuchen" unter Umständen nicht aus — sondern „Niederwerfung" und „Ermattung".

Noch gegen Ende des französischen Krieges stellte er in einem an den Chef des Generalstabes des Prinzen Friedrich Karl, General von Stiehle, gerichteten Brief (6. Dec.) den Satz auf, daß Frankreich kein das Feld behauptendes Heer behalten dürfe.

Niemals findet sich bei Friedrich dem Großen eine so unbedingte Anempfehlung des Schlacht- und Vernichtungs-Princips. Im Gegentheil, er warnt davor, ohne speciellen Grund und Zweck Bataillen zu liefern. Obgleich Preußens besondere Verhältnisse darauf hinwiesen, seine Kriege „kurz und vives" zu gestalten, so ist ihm die Schlacht doch nur ein Entscheidungsmittel unter besonderen Umständen. „Es bleibe kein anderer Ausweg" oder „in einer bösen Situation möge man sich muthig von den Regeln emancipiren; die Nothwendigkeit allein könne zu verzweifelten Mitteln treiben." (Einleitung der Geschichte des Siebenjährigen Krieges.) Einmal eignet er sich gar den Satz an, die Schlacht sei das Auskunftsmittel ungeschickter Generale, die sich nicht anders zu helfen wüßten (1759).

Früher construirte man sich diesen Gegensatz Friedrichs gegen die moderne Strategie wohl so, daß er als der Ausfluß eines generellen Nothstandes aufgefaßt wurde. Friedrich habe wohl die Grundsätze der modernen, der einzig wahren und richtigen („absoluten") Strategie gehabt, aber wegen seiner geringen Kräfte fast nie zur Anwendung bringen können; allein der Feldzug von 1757 (Prag) sei der vollständig normale. Auch wenn diese historische Voraussetzung richtig gewesen wäre, so würde das dem Cardinalsatz, daß es zwei Arten der Strategie giebt, nicht widersprechen, sondern ihn vielmehr beweisen: ob bei Friedrich dem Großen in allen Feldzügen oder in allen mit einer einzigen Ausnahme die Bedingungen für die „zweite Art der Strategie" vorhanden waren, wird keinen Unterschied machen.

Die neueren Forschungen und Untersuchungen haben aber gezeigt, daß nicht einmal jene Voraussetzung richtig ist. Man sah früher den Gipfel Friedericianischer Kriegführung und die Analogie mit der napoleonischen Epoche darin, daß er bei Prag die feindlichen Heere zusammentrieb, schlug, einschloß und drauf und dran war, sie in ihrer ganzen Masse gefangen zu nehmen. Jetzt wissen wir, daß dieser ganze Verlauf durchaus nicht einer Absicht des Königs entsprang, sondern durch zufällige Umstände herbeigeführt wurde; daß der König sogar zufrieden*) gewesen wäre, wenn die Oesterreicher ohne Schlacht entkamen und ihm nur ihre Magazine und Prag überließen; ja daß er in dem, was die moderne Kritik als seine höchste Leistung pries, nämlich der Einschließung des geschlagenen Heeres — den Grund seines Unglücks sah, die eigentliche Ursache für den endlichen Verlust des Feldzuges**). Wäre das österreichische Heer entkommen, so hätte der König Prag belagert und genommen und den Krieg seinen Verhältnissen entsprechend fortgeführt. Durch die Einschließung des Heeres in die Stadt wurde er ge-

*) Dieser Ausdruck ist nicht zu stark, wenn man den Brief an den König von England vom 10. und an Lehwaldt vom 16. April liest. Daß der König auch dringend wünschte und hoffte, den Oesterreichern durch Gefechte, womöglich durch eine Schlacht tüchtig Abbruch zu thun, ist, wie kaum nöthig zu bemerken, durch die obige Wendung nicht ausgeschlossen.

**) In dem sog. Milit. Testament. Mil. Klassiker S. 216.

zwungen, entweder Prag fahren zu lassen oder dem Kriege eine Steigerung zu geben, nämlich ihn auf Gefangennahme einer ganzen Armee anzulegen, zu der seine Kräfte zuletzt doch nicht hinreichten. Ganz mit Recht empfand er deshalb dies sein anscheinendes Glück, sein angebliches Meisterstück als eine wahre Tücke des Schicksals. Nie in allen seinen Schriften hat Friedrich ferner seine Strategie als einen Nothbehelf dargestellt. Es wäre ja an sich nichts unglaubliches, wenn er räsonnirt hätte: die wahre Natur des Krieges verlangt die Entscheidung durch den Kampf, das Niederwerfen des feindlichen Heeres in der Schlacht; meine Verhältnisse aber sind so, daß ich zu diesem Mittel nur unter besonderen Umständen greifen darf und mich sonst mit kleineren Surrogaten begnüge. So hätte er vielleicht sagen können. Da der König aber bei aller philosophischen Neigung durchaus kein abstract-theoretischer Geist war, so ist er auch in seinen strategischen Betrachtungen niemals von dem Begriff des Krieges ausgegangen, wie Clausewitz, sondern unmittelbar von der Anschauung seiner Lage und hat aus ihr und für sie seine theoretisch-strategischen Sätze geschöpft. Ob es unter anderen Umständen auch eine andere Strategie geben könne, das ist eine Frage, die er sich niemals vorgelegt hat und die für ihn kaum ein Interesse gehabt haben würde. Genug: ihm ist nicht „die Vernichtung der feindlichen Streitkraft unter allen Zwecken, die im Kriege verfolgt werden können, der immer über alles gebietende“; er faßt die Schlacht nicht als das, sondern nur als ein Mittel der Kriegführung unter anderen gleichberechtigten auf.

Die Mittel der Kriegführung, die noch außer der Schlacht einem Feldherrn zu Gebote stehen, sind sehr mannigfaltig. An der Spitze steht die Occupation feindlichen Landes und jede Art wirthschaftlicher Schädigungen durch Verwüstungen, Contributionen, Störung des Handels, bei Seemächten speciell durch Blockaden. Alles dies ist unter Umständen möglich ohne jeden Kampf, auch die Occupation feindlichen Landes; wenn es nämlich gelingt, den Act zu vollführen durch Ueberraschung, in einem Moment, wo das feindliche Heer entfernt ist und dann eine Stellung zu nehmen, welche die Eroberung deckt und in der der Feind nicht wagt uns anzugreifen. Deshalb sagt Friedrich, eine Stellung die man zuerst in Besitz nähme, könne den Krieg, man bedenke wohl, den ganzen Krieg entscheiden.

Alle derartigen Operationen kann man zusammenfassen in das Wort „Manöver". Zwischen „Manöver" und Schlacht stehen nun Kleingefechte und Festungsbelagerungen. Da sie „Kampf" sind, würden sie in die Sphäre der „Vernichtung" fallen. Ihrem Ursprung und ihrer Wirkung nach aber gehören sie in die Sphäre des „Manövers", insofern sie niemals oder fast niemals genügen können, selbst die unmittelbare Entscheidung zu geben und der Erfolg mehr von der Situation auf die sie basirt sind, als von dem mit dem Act verbundenen Fechten abhängig ist.

Selbst eine gewisse Art von Schlachten, nämlich die, welche bloß um der Trophäen, um der Waffenehre willen geliefert werden, rechnet Clausewitz (Buch 1 Capitel 16) mit Recht in strategischem Sinne zu der Sphäre der Manöver. Solche Schlachten sind ja in der Epoche Ludwig XIV. in der That zuweilen vorgekommen. „Zwischen Schlacht und Schlacht kann ein solcher strategischer Unterschied stattfinden, daß sie garnicht mehr als dasselbe Mittel betrachtet werden kann.“ (VI. B. 30. Capitel.)

Kriege, wirkliche große Kriege sind zuweilen ganz ohne Schlacht, fast nur durch „Manöver“ in dem umschriebenen Sinne entschieden und auf diese Weise große Eroberungen gemacht worden. In dem Devolutionskrieg erwarb Ludwig XIV. Flandern ohne Schlacht. In dem Kriege von 1672 bis 1679, der mit dem Frieden von Nymwegen endete, wird zwar gesprochen von den Schlachten von Seneffe, Sinsheim, Ensisheim, Türkheim, Consarbrück, Cassel; mit Ausnahme von Seneffe sind diese Engagements aber alle so klein und entscheiden so wenig, daß sie nicht in strategisch-technischem Sinne als Schlachten angesehen werden können. Seneffe endlich wurde zwar von großen Massen geschlagen, blieb aber unentschieden und hatte nur negative Folgen. Im Frieden erhielten die Franzosen wieder mehrere Provinzen. Im Polnischen Thronfolgekrieg haben sie Lothringen fast ohne Blutvergießen erworben. Echte Feldherrennaturen werden sich jedoch immer ungern mit solchen unblutigen Lorbeeren begnügen und dem innersten Wesen des Krieges entsprechend, auch wenn zu großen Entscheidungsschlachten ihre Kräfte nicht hinreichen, nach Mitteln suchen, dem Feinde auf irgend eine andere Weise im Kampfe beizukommen.

Bei Friedrich dem Großen ist dieser Gedankengang deutlich zu verfolgen. Nach den furchtbaren Erfahrungen des Jahres 1759 sah er ein, daß er — um in unserer Sprache zu reden — sich mehr zu dem Manöver-Pol seiner

Strategie halten müsse. Er überlegt, wie er wohl die Oesterreicher in die Ebene locken könne, um hier mit geringerer Gefahr noch zu wirklichen Schlachten zu gelangen. Wenn das aber nicht gelinge, so nimmt er sich vor, sich auf ihre Detachements zu werfen, also Kleingefechte zu setzen an die Stelle der Schlacht. In seiner Geschichte des Siebenjährigen Krieges (Einleitung) und seinem „Militärischen Testament" hat dann dieser Gedanke völlig die Oberhand behalten.

Mit Ausnahme des wunderlichen Zwitters der bloßen Ehren-Schlacht kommen die anderen Mittel der Manöver-Strategie naturgemäß auch unter der Herrschaft der Niederwerfungsstrategie vor. Aber es ist wohl zu beachten, daß sie in dem einen und dem anderen Falle etwas Verschiedenes bedeuten. Clausewitz sagt darüber (17. Capitel des 7. Buches):

„Auch in Beziehung auf die Eroberung fester Plätze findet ein großer Unterschied zwischen den Feldzügen mit einer großen Entscheidung und den andern statt. Dort ist diese Eroberung immer als ein nothwendiges Uebel anzusehen. Man belagert nur was man schlechterdings nicht unbelagert lassen kann, so lange man nämlich noch etwas zu entscheiden hat. Nur wenn die Entscheidung bereits gegeben, die Krise, die Spannung der Kräfte auf geraume Zeit vorüber, und also ein Zustand der Ruhe eingetreten ist, dann dient die Einnahme der festen Plätze als eine Consolidirung der gemachten Eroberung und dann kann sie meistens, zwar nicht ohne Anstrengung und Kraftaufwand, aber doch ohne Gefahr ausgeführt werden. In der Krise selbst ist die Belagerung einer Festung eine hohe Steigerung derselben zum Nachtheil des Angreifenden, es ist augenscheinlich, daß nichts so sehr seine Kräfte schwächt und also nichts so geeignet ist, ihm auf eine Zeitlang sein Uebergewicht zu rauben. Aber es giebt Fälle, in denen die Eroberung einer oder der anderen Festung ganz unerläßlich ist, wenn der Angriff überhaupt fortschreiten soll und in diesem ist das Belagern als ein intensives Fortschreiten des Angriffs zu betrachten; die Krise wird dann um so größer, je weniger vorher schon entschieden ist. Was über diesen Gegenstand noch in Betracht zu ziehen ist, gehört in das Buch von Kriegsplan.

In den Feldzügen mit einem beschränkten Ziel ist die Festung gewöhnlich nicht das Mittel, sondern der Zweck selbst; sie wird als eine selbständige kleine Eroberung angesehen, und als solche hat sie folgende Vorzüge vor jeder andern:

1) daß die Festung eine kleine, sehr bestimmt begrenzte Eroberung ist, die nicht zu einer größeren Kraftanstrengung nöthigt und also keinen Rückschlag befürchten läßt;

2) daß sie beim Frieden als Aequivalent geltend zu machen ist;

3) daß die Belagerung ein intensives Fortschreiten des Angriffs ist, oder wenigstens so aussieht, ohne daß die Schwächung der Kräfte dabei immer zunehme, wie das jedes andere Vorschreiten im Angriff mit sich bringt;

4) daß die Belagerung ein Unternehmen ohne Katastrophe ist.

Diese Dinge alle machen, daß die Eroberung eines oder mehrerer feindlichen Plätze sehr gewöhnlich ein Gegenstand derjenigen strategischen Angriffe ist, die sich kein größeres Ziel vorsetzen können."

Bringen wir nunmehr den Gegensatz der beiden strategischen Systeme auf die dialektische Formel, im Sinne Clausewitz', so wird sie lauten, daß die Niederwerfungs-Strategie nur einen Pol, die Schlacht habe, die Ermattungs-Strategie aber zwei Pole, die Schlacht und das Manöver, zwischen denen beiden sich die Entschlüsse des Feldherrn bewegen. Ja hüte man sich vor dem Irrthum, als ob das letztere System die Schlacht ausschließe: sie ist erlaubt, sie ist geboten, aber nur unter besonderen Umständen.

Statt concret Schlacht und Manöver, könnte man auch abstract das „Gesetz der Kühnheit" und das „Gesetz der Oekonomie der Kräfte" als die beiden Pole bezeichnen, zwischen denen sich die „zweite Art der Strategie" bewegt. Da es nicht möglich ist den Feind niederzuwerfen, so kommt es darauf an, wer zuerst ermattet, also nicht nur die Kräfte des Feindes zu schädigen, sondern ebenso sehr die eigenen zu schonen; „den letzten Thaler in der Tasche zu behalten". Bei der Niederwerfungs-Strategie wird angenommen, daß die Kräfte so groß seien, daß eine derartige völlige Erschöpfung überhaupt nicht in Frage steht.

Hieraus ergiebt sich nun der wichtigste psychologische Unterschied der einpoligen und der doppelpoligen Strategie. Es ist die verschiedene Auffassung, die die beiderseitigen Vertreter von dem kriegerischen „Wagen", dem Herausfordern des Zufalls haben.

„Wer im Kriege völlig sicher gehen will, wird schwerlich überhaupt das Ziel erreichen" sagt ein vermuthlich aus Moltke's eigener Feder geflossener Artikel zur Vertheidigung der Idee des getrennten Einmarsches in Böhmen 1866 (Mil. Wochenbl. Nr. 18, 1867).

Für Napoleon ist die höchste Kühnheit zugleich die höchste Vorsicht. Ihm ist es Gesetz, auf die höchste Gefahr hin, stets Alles auf eine Karte zu setzen. Das ist ein wesentliches Moment seiner Ueberlegenheit. Wenn, wie etwa 1806 in Thüringen, die feindlichen Heere so aufeinander treffen, daß sie mit verkehrter Front zu fechten haben, der unterliegende also des geraden Rückzugsweges beraubt sein wird und nun, wie es bei Auerstädt geschah, der Eine es daraufhin wagt, die Schlacht durchzukämpfen, der Andere aber nicht: so hat Jener durch den bloßen Entschluß des Wagnisses bereits die Oberhand und ausschließlich dadurch hat Davoust thatsächlich die Schlacht bei Auerstädt gewonnen und Friedrich Wilhelm III. sie verloren.

In der doppelpoligen Strategie ist dieser Grundsatz nicht anwendbar: er würde ja den einen Pol aufheben und unausgesetzt Alles auf den andern, die Schlacht, zutreiben. Da nun aber der Werth der Kühnheit als solcher derselbe bleibt, so entsteht die schwierigste aller Aufgaben, nämlich in jedem einzelnen Moment zu entscheiden, ob Kühnheit, ob Vorsicht am Platze sei. Auch in der einpoligen Strategie ist es natürlich fortwährend nöthig, diese Wahl zu treffen, aber sie ist hier sehr viel leichter, sie ist eine bloße Untersuchung des Verstandes, ob überhaupt Chancen eines Erfolges vorhanden seien. In der doppelpoligen Strategie ist der Entschluß noch beschwert mit dem ganzen Gewicht eines entgegengesetzten Princips, oder was practisch dasselbe ist, nicht nur mit der Abwägung der augenblicklichen Situation, sondern der militärisch-politischen Gesammt-Lage. Höchst charakteristisch daher, daß wir bei Friedrich fast niemals Selbst-Anspornungen zur Kühnheit, — nach der Richtung that sein eigenes Temperament ihm schon genug — sondern unausgesetzt Ermahnungen zur Vorsicht finden. „Aus einem Fabius kann immer noch ein Hannibal werden", sagt er schon 1744. „Wenig wagen" räth er in seinen „Gedanken und allgemeinen Regeln für den Krieg" 1755. „Im Kriege ist der, der dem Zufall das Wenigste überläßt, der Geschickteste" heißt es in der Einleitung zur Geschichte des Siebenjährigen Krieges und zahlreich sind die Stellen, wo er sich gewissermaßen entschuldigen zu müssen glaubt, weil er gezwungen gewesen sei, sein Schicksal dem Zufall einer Schlacht anzuvertrauen. Ueber nichts hat der geistreichste moderne Vertreter der einpoligen Strategie, Bernhardi, mehr ironisirt und gespottet, als über solche Behutsamkeits-Grundsätze der anderen Schule: in der Schlacht, der einzig wahren Rennbahn des echten Kriegers eine bloße Zufalls-Entscheidung sehen zu wollen! Es giebt ihm keine größere Thorheit. Daß es kein Anderer, als Friedrich selber ist, der diese Grundsätze aufgestellt hat, ist ihm dabei leider entgangen. Hätte er das bemerkt, so würde er vermuthlich der Erkenntniß sich nicht verschlossen haben, daß es auch Zeiten und Umstände gegeben haben könne, in denen diese Grundsätze ihre Berechtigung hatten.

Ja, hüte man sich nun auch hier wieder vor dem Irrthum, als ob Feldherren der doppelpoligen Strategie Kühnheit im geringeren Grade zeigten, als Feldherren der einpoligen Strategie. Gustav Adolf, Prinz Eugen, Friedrich sind nicht weniger kühn als Alexander, Cäsar, Napoleon, an den Stellen und bei den Entschlüssen, wo diese Kühnheit am Platze ist: ob sie aber am Platze sei, haben sie in jedem einzelnen Falle zu unterscheiden.

Dies ist einer der Punkte, an denen das Clausewitz'sche Werk nicht zu Ende geführt ist und vielleicht derjenige, wo sich für die Wissenschaft die Lücke am fühlbarsten geltend gemacht hat. In seinem historischen Abriß der Kriege Gustav Adolfs und Friedrichs ist es gerade Clausewitz gewesen, der als das eigentliche Moment ihrer strategischen Größe die Kühnheit nicht nur der Schlachten, sondern auch der Manöver, statt des früher gerühmten angeblich genialen mathematischen Kalküls, aufgezeigt hat. In den theoretischen Auseinandersetzungen wiegt doch aber der Gedanke oder wenigstens die Stimmung vor, daß diese Kriegführung des 17. und 18. Jahrhunderts eigentlich eine inferiore Erscheinung sei. Wir haben ja bereits im Beginne dieses Kapitels eine Stelle wiedergegeben, welche in einem prachtvollen Bilde die Ueberlegenheit der einen Art der Kriegführung über die andere charakterisirt: der Kriegsgott, der den „Andern" auf dem Schleifwege ertappt. Nirgends aber hat Clausewitz den Schweden- oder den Preußenkönig oder den Prinzen Eugen oder auch nur Karl XII. von der, wie wir sie genannt haben, doppelpoligen Strategie ausgenommen. „Ein kühner Invasions- und Schlachtenfeldherr war Gustav Adolf überall nicht; er liebte mehr den künstlichen, manövrirenden, systematischen Krieg." (Bd. IX S. 40 vgl. aber S. 71.) Daß eine stärkere Armee die innere Bestimmung habe, eine schwächere anzugreifen und womöglich zu zertrümmern sei in der Zeit Friedrichs „etwas ganz Unbekanntes oder vielmehr etwas Nichtvorhandenes“ gewesen. (Bd. X § 42.) „Selbst die königlichen Feldherren mußten behutsam mit dem Kriegsinstrumente umgehen. . . . Nur wenn sich ein entschiedener Vortheil zu ergeben schien, machte man Gebrauch von der kostbaren Sache; diesen herbeizuführen, war eine Kunst des Feldherrn; so lange aber, als er nicht herbeigeführt war, schwebte man gewissermaßen im absoluten Nichts, es gab keinen Grund zum Handeln, und alle Kräfte, nämlich alle Motive schienen zu ruhen. Das ursprüngliche Motiv des Angreifenden erstarb in Vorsicht und Bedenklichkeit.“ Auch „ausgezeichnete Feldherren und Könige wie Gustav Adolf, Karl XII. und Friedrich der Große mit ebenso ausgezeichneten Heeren konnten nicht stärker aus der Masse der Totalerscheinungen hervortreten, sie mußten sich gefallen lassen, in dem allgemeinen Niveau des mittelmäßigen Erfolges zu bleiben.“ (Bd. III, S. 87 und 88. Achtes Buch, drittes Capitel.) Man empfindet hier einen gewissen Widerspruch in den Clausewitz'schen Räsonnements, der aber leicht zu erklären ist. Clausewitz hatte seine Theorie noch zu bilden im Kampfe mit den Ideen der Ermattungs-Strategie, die noch keineswegs allenthalben als historisch überwunden galt, ja eigentlich sogar mit einer pseudowissenschaftlichen Carricatur jener Strategie; er hatte noch zu beweisen, daß die moralischen Kräfte im Kriege wichtiger seien als die Operationswinkel. Seine Räsonnements nehmen also naturgemäß oft die Spitze gegen jene Strategie; nicht als etwas ehedem Berechtigtes, sondern als etwas schlechthin (nämlich in Bezug auf die Gegenwart) Falsches erscheint sie ihm. Was nun aber mit Gustav Adolf, Eugen, Marlborough, Karl XII., Friedrich? Die Nachfolger wußten sich nicht anders zu helfen, als daß sie sich mit jenen Anderen klüglich garnicht beschäftigten und von Friedrich frischweg fingirten, er gehöre der Niederwerfungs-Strategie an. Daraus ist denn all' jenes Unheil für die gesammte Geschichtswissenschaft erwachsen. Clausewitz ist, wie wir sahen, niemals in diesen Fehler verfallen, aber da er selbst, wie die „Nachricht" darthut, erst gegen Ende seines Lebens zur vollen Klarheit über die „beiden Arten" der Kriegführung gelangte, so ist ein gewisser Widerspruch in seinen Werken stehen geblieben: Gustav Adolf und Friedrich sollen einer auf „Vorurtheil" und „falscher Ansicht" beruhenden Strategie gehuldigt haben und doch werden ihre concreten Leistungen als sachgemäß und genial anerkannt. Die Lösung, zu der Clausewitz selbst nicht mehr vorgedrungen ist, liegt einmal in der tieferen und umfassenderen historischen Erkenntniß der Umstände, welche die doppelpolige Strategie bedingen und nothwendig machten, dann aber auch namentlich in der Erkenntniß, welche psychologische Erschwerung für den Feldherrn in der Doppelpoligkeit liegt. Clausewitz sieht nur die eine Seite: „daß die Mittel, welche sie (die Feldherren der alten Schule) aufbieten konnten, ein ziemlich bestimmtes Maß hatten, welches sie gegenseitig übersehen konnten, und zwar sowohl ihrem Umfang als ihrer Dauer nach; dies raubte dem Kriege die gefährlichste seiner Seiten: nämlich das Streben nach dem Aeußersten und die dunkle Reihe von Möglichkeiten, die sich daran knüpft". (III S. 87.) Hiernach müßte Napoleon so unendlich viel mehr sein, als alle seine Vorgänger, wie der äußere Anblick seiner Kriege selbst größer ist, als der der Kriege seiner Vorgänger. Ein Krieg, der einmal vorwärts und zurückrollt, vom Rhein an die Weichsel, nach Moskau, an die Elbe, an die Seine macht einen größeren Eindruck, als ein Krieg, der sich Jahre lang im Umkreis des Erz- und Riesengebirges bewegt. Aber das kann keinen Maßstab für die persönliche Größe des Feldherrn geben. Die Massen, die bewegt werden, sind größer, aber was in Gegenrechnung zu stellen und von Clausewitz nicht genügend erkannt ist, das ist die Ueberwindung des retardirenden Elements, die Fähigkeit trotz des Gebotes der Vorsicht, des Abwartens und der Oekonomie der Kräfte nicht in Unthätigkeit und Unentschlossenheit zu verfallen.

Wie sind nun die beiden entgegengesetzten Gebote, die beiden feindlichen Pole mit einander zu vereinigen und auszugleichen? Wann ist der Augenblick, wo Vorsicht, wann ist die höchste Kühnheit, wann ist speciell eine Schlacht rathsam? Wann darf man sich mit Actionen aus der Sphäre des Manövers begnügen? Gäbe es hierauf eine rein sachliche, durchschlagende Antwort, so wäre die Heerführung der Feldherrn solcher Epochen unendlich erleichtert gewesen. Eine solche Antwort aber, „eine algebraische Formel für die Anwendung“ existirt nicht. Friedrich hat versucht sich die Frage in seiner größten militärisch-theoretischen Schrift „den General-Principien vom Kriege“ (1747; zweite Bearbeitung 1753) zu beantworten. Wie wenn er es zu entschuldigen habe, der Meinung zu sein, daß man im Kriege nicht ganz ohne Schlachten auskommen könne, beginnt er damit, man müsse „allerdings zu decisiven Momenten kommen, entweder um sich aus dem Embarras des Krieges zu ziehen oder um seinen Feind darin zu setzen oder um die Querelles auszumachen, die sonsten niemals zu Ende kommen würden". Diesen fast jugendlich übermüthig klingenden Worten werden dann eine Reihe specieller „Ursachen, wegen welcher man Bataillen liefert" hinzugefügt. Es sind „den Feind zu zwingen die Belagerung eines euch zuständigen Ortes aufzuheben, oder aber, um ihn aus einer Provintz zu jagen, deren er sich bemächtiget hat. Ferner um in seine eignen Lande zu penetriren oder auch um eine Belagerung zu thun und endlich, um seine Hartnäckigkeit zu brechen, wenn er keinen Frieden annehmen will, oder aber auch, um ihn wegen eines Fehlers zu straffen, welchen er begangen hat". Später ist noch hinzugefügt: „Man bataillirt sich sonsten noch, um zu verhindern, daß die feindlichen Corps nicht zu einander stoßen können." Aus diesen sieben Ursachen des Schlagens ist der einzelne Fall nicht unmittelbar zu entscheiden. Wann sind alle diese Dinge auf dem Punkt, einer Schlacht werth zu sein? Wann ist es Zeit die Hartnäckigkeit des Feindes zu brechen? Wann hat er einen Fehler begangen, der mit einer Schlacht gestraft werden muß? Der Feldherr, der es will, kann aus solchen Ursachen immer und alle Tage einen Anlaß zur Schlacht ableiten; der der keine Neigung dazu hat, kann eben so sicher stets beweisen, daß aus ihnen zur Zeit kein Anlaß zur Schlacht zu entnehmen sei. Die Entscheidung ist also eine subjective und sie ist es um so mehr, als nicht einmal alle Verhältnisse und Bedingungen, nämlich das was beim Feinde vorgeht, mit Vollständigkeit und Sicherheit bekannt sind. Unter sorgfältiger Abwägung aller Umstände, des Kriegszweckes, der Streitkräfte, der politischen Rückwirkungen, der Individualität des feindlichen Feldherrn, der feindlichen wie der eigenen Regierung und des Volkes muß der Feldherr den Entschluß fassen, ob eine Schlacht räthlich ist oder nicht. Er kann zu dem Schluß kommen, jede größere Action unter allen Umständen zu vermeiden; er kann auch zu dem Schluß kommen, sie unter allen Umständen so sehr zu suchen, daß sein Verfahren sich von dem der einpoligen Strategie practisch nicht mehr unterscheidet.

In dieser Weise ist Friedrichs Strategie zeitweilig der einpoligen (Napoleonischen) sehr nahe gekommen. Der principielle Gegensatz, „die ganz verschiedene Natur beider Bestrebungen", um Clausewitz' Wort zu wiederholen, „ist darum doch geblieben" und „greift allenthalben durch".

Für die nachträgliche, historische Kritik ist deshalb nichts wichtiger, als vor dem Urtheil über den einzelnen Fall das generelle Verhältniß festzustellen. War hier einpolige oder doppelpolige Strategie am Platz und hat der Feldherr das richtig erkannt? Das ist die Vorfrage. Erst nach dieser Entscheidung kann das Urtheil über den einzelnen Fall sich richtig gestalten. Eine versäumte, unzweifelhaft versäumte Gelegenheit, dem Feinde eine Niederlage beizubringen, die unter der Herrschaft jenes Systems völlig unverzeihlich erscheinen würde (wie etwa der Umweg der „Großen Armee" durch die Schweiz im Winter 1813/14; oder Wellingtons Aufstellung eines Corps bei Nivelles während des Gefechts von Quatrebras 1815; oder das Abbrechen des Gefechts bei Dermbach 1866) kann als ein durchaus entschuldbares Versehen erscheinen unter der Herrschaft des anderen. Sich die ganze Tragweite dieses Satzes klar zu machen, darauf kommt es eigentlich an. Um zu voller Anschaulichkeit zu gelangen, wollen wir daher das Experiment machen, einen Feldzug, der von einem der größten Feldherrn aller Zeiten unter der Herrschaft der doppelpoligen Strategie gemacht ist, zu kritisiren unter der Fiction, daß die einpolige Strategie habe angenommen werden können. Die ungeheuerliche Absurdität, die dabei zu Tage kommen wird, wird zeigen, auf welchem Irrpfad sich die Historiker bewegt haben, die glaubten ohne Unterscheidung der beiden strategischen Systeme direct den einzelnen Fall beurtheilen zu können.

Ich wähle als Beispiele die beiden Feldzüge Friedrichs des Großen auf der Höhe seiner Kraft, 1756 und 57, den Beginn des Siebenjährigen Krieges. Weshalb Friedrich thatsächlich an die doppelpolige Strategie gebunden war, habe ich an anderem Orte dargelegt*). Jetzt hypostasiren wir das Gegentheil; an den Thatsachen selbst ändere ich dabei — um das ausdrücklich hervorzuheben — nicht das Geringste, sondern halte mich genau an die neuesten Forschungen und Publicationen. Der besseren Eindringlichkeit halber führe ich die Untersuchung etwa in dem Ton der neuesten Periklesforscher und schmücke sie mit den Aussprüchen und Urtheilen von Zeitgenossen und Kritikern, die wenn das principielle Urtheil richtig wäre, passend zur Verwendung kommen könnten.

*) Historische und politische Aufsätze „Ueber die Verschiedenheit der Strategie Friedrichs und Napoleons" (Berlin, 1887, Walther und Apolant); dazu „Ueber den Feldzugsplan Friedrichs des Großen im Jahre 1757" Beih. z. Mil. Wochenbl. 10.—12. Heft. 1887.

3. Friedrich der Große als Feldherr.

Eine methodologische Parodie.

Das Unglück Preußens im Siebenjährigen Kriege war, daß es mit allen drei großen Land-Militär-Mächten zugleich zu kämpfen und an seiner Seite nur eine Seemacht hatte, die ihm auf dem Lande nicht so sehr viel helfen konnte. Schuld an dieser Gruppirung, deren Unerträglichkeit für Preußen doch Jedem einleuchten mußte, war Niemand anders als König Friedrich selbst, der der Gefahr nicht grade genug in die Augen zu schauen wagte. Da diese Charaktereigenschaft auch für die Beurtheilung des Feldherrn so wesentlich ist, so wollen wir einleitungsweise schon hier bei der politischen Genesis des Krieges darauf hinweisen. Bis kurz vor Einbruch der Krisis war die Macht, mit der Friedrich am nächsten gestanden hatte, nicht England, sondern Frankreich gewesen. Wie ganz anders hätte Preußen den Kampf durchfechten können, wenn es statt der wenigen Engländer die großen französischen Heere an seiner Seite gehabt hätte! Friedrich aber trieb die Franzosen in das entgegengesetzte Lager, weil er ihnen verwehren wollte die Engländer in Hannover anzugreifen und er that dies in der verblendeten Hoffnung, dadurch dem Kriege überhaupt zu entgehen. Wenn er es noch aus deutschem Nationalgefühl gethan hätte! Seit Jahren lauerten Oesterreich und Rußland auf den passenden Moment, über Preußen herzufallen. Er war gegeben, wenn der französisch-englische Krieg in Deutschland wieder ausbrach; als Hülfstruppen der Engländer wären die Russen nach Deutschland gekommen. Um die Russen fern zu halten, garantirte Friedrich lieber selbst den Engländern Hannover. Durch den Einfluß des englischen Cabinets in Petersburg hoffte er die Russen dauernd zu fesseln und auch von seinen eigenen Grenzen fern zu halten. Ist das die Einsicht eines Staatsmanns beim Einbruch einer weltgeschichtlichen Katastrophe? Es ist die Politik des Vogel Strauß, der die Gefahr nicht sehen will, weil er sich vor ihr fürchtet. Mit diplomatischen Spinneweben fesselt man keine kriegslustige Großmacht. Der Krieg, der verhütet werden sollte, wurde dadurch erst recht hervorgerufen. Der Bundesgenosse aber, den man gewann, durch den man sich in den Krieg hatte hineinziehen lassen, hat die werthvollste Unterstützung, die er, der seemächtige Alliirte hätte gewähren können, nämlich eine Flotte in der Ostsee zur Niederhaltung der Russen, nachher im Kampf trotz alles Bittens stets versagt.

Nachdem der König im Monat Juni 1756 aufmerksam geworden war und die beurlaubten Officiere und Soldaten eingezogen hatte, erhielt er am 21. Juli die Nachrichten, die ihm klar machten, daß er „praevenire spielen" müsse*). Durch den Leichtsinn des russischen Hofes war das Geheimniß der antipreußischen Pläne dem holländischen Gesandten eröffnet und auf diesem Wege, ohne daß die feindlichen Cabinete es ahnten, dem König von Preußen zugänglich gemacht worden. Friedrich wußte jetzt nicht nur, daß man ihn angreifen, er wußte auch, daß man erst im nächsten Jahr die Rüstungen vollendet haben werde**). Eine einzigartige Aussicht eröffnete

*) Schreiben Podewils' vom 22. Juli. Pol. Corr. Friedrichs des Großen 13, 105.

**) Bericht Hellens Pol. Corr. Nr. 7730.

sich ihm damit. Die Russen hatten ihre Truppen bereits von seinen Grenzen wieder zurückgezogen, die Oesterreicher waren in Böhmen in eifriger Rüstung begriffen. Aber aus den entfernteren Landestheilen hatten die Truppen sich doch eben erst in Marsch gesetzt*). Zu den Vorzügen der preußischen Armee vor allen anderen gehörte auch ihre stete Bereitschaft. „Sechs Tage nach Empfang der Ordre", pflegt es zu heißen, soll das Regiment ausrücken „complet mit gedoppelten Uebercompleten". Anfang, spätesten Mitte August konnte der König, nachdem er das noch völlig unvorbereitete Sachsen durchzogen, die sächsischen Truppen weggefegt oder aufgehoben hatte, mit 70—80000 Mann, denen 30—40000 folgten, in Böhmen einrücken**). Schwerlich viel mehr als 40000 hätten ihm die Oesterreicher entgegenstellen können***). Der Preußenkönig hätte einen Krieg führen können, wie

*) Pol. Corr. Nr. 7711.

**) Beim Ausbruch des Kriegs war die preußische Armee stark

an Feldtruppen	129 000
an Garnisontruppen . . .	26 000
Sa.	155 000 Mann.

Der wirkliche Einmarsch vier Wochen später in Sachsen und Böhmen ist erfolgt mit 95 000 Mann.

***) Friedrich giebt in seiner Correspondenz die österreichischen Truppen in Böhmen und Mähren im August oft auf 80—100000 Mann an. Das ist die Hyperbolie des Moments. Beim Beginn des Feldzugs in einem Schreiben an Schwerin (26. August) schätzte er sie auf 65 000 Mann exclusive der Garnisonen. Das preußische Generalstabswerk und Arneth nehmen übereinstimmend nach älteren Werken nur 54000 Mann an. Bei Lowositz soll Browne nur 33 354 Mann gehabt haben, Piccolomini gegen Schwerin 31 500. Da das fünf Wochen später ist und fortwährend Zuzug kam, so harmonirt die Angabe mit der vorhergehenden. Mitte August würden dem entsprechend nicht viel über 40000 Mann im Felde verfügbar gewesen sein.

Napoleon 1805, wo dieser die Oesterreicher schlug, ehe die Russen heran waren, dann die Russen mit den Resten der Oesterreicher, ehe die Preußen erschienen; 1806 wieder die Preußen ehe die Russen zur Stelle waren, und 1807 die Russen mit den geringen Ueberresten der Preußen. Das ist die Art, wie ein Einzelner eine Mehrzahl besiegt. Ehe ein Russe oder Franzose auf dem Kriegsschauplatz sich sehen ließ, mußte der österreichische Kriegsstaat 1756 zertrümmert am Boden liegen.

Auch die Friedrichs-Theologen haben sich der Erkenntniß nicht verschließen können, welchen unermeßlichen Vortheil ein schneller Entschluß gewährt haben würde und sogar Bernhardi „möchte den König deshalb tadeln" (I. 49).

Durch die Politische Correspondenz und den Scharfsinn ihres Herausgebers Naudé ist erst jetzt der wahre Grund der Verzögerung zu Tage gefördert worden. Friedrich besorgte, daß wenn er den Angriff auf Oesterreich schon Ende Juli unternehme, auch die Franzosen noch in diesem Jahre im Felde erscheinen würden. Dagegen, wenn man erst vier Wochen später losbreche, die Franzosen die schlechte Jahreszeit für zu nah halten würden, um sich noch in Bewegung zu setzen. Mit dieser Aufklärung ist jede Möglichkeit, den Fehler des großen Strategen zu vertuschen, geschwunden. Was war es denn für ein Unterschied, ob die Franzosen im Herbst oder im Frühjahr erschienen, wenn es nur gelang, die Oesterreicher vorher unschädlich zu machen? Im Gegentheil, im Herbst 1756 wären die Franzosen schlechter gerüstet und weniger stark in Deutschland aufgetreten, als später im Sommer 1757. Erst spät im Herbst 1757 sind sie so weit gelangt, den Kern der preußischen Landschaften direct zu bedrohen: (am 5. November ist die Schlacht bei Roßbach): wie ganz anders noch hätte Friedrich ihnen mitspielen können, wenn er nicht als der Besiegte von Kollin mit der Hälfte seines Heeres, sondern als der Zerschmetterer Oesterreichs mit der preußischen Gesammtkraft gegen sie abgeschwenkt wäre.

Friedrich hat sich dieser Einsicht auch keineswegs vollständig verschlossen. Er hatte am 21. Juli bereits seinen Entschluß gefaßt und ihn dem Minister Podewils mitgetheilt — als einige Drohungen des französischen Gesandten Valory genügten, ihn zurückweichen zu machen, und ihm den Aufschub aufzuerlegen*) (26. Juli).

Endlich, am 30. August, marschiren die Preußen aus. Die Frist zur Durchführung eines energischen Feldzuges ist nunmehr erheblich verkürzt, die Oesterreicher haben sich in Böhmen verstärkt und vor Allem haben die Sachsen Zeit gewonnen zur Besetzung und Befestigung der Stellung von Pirna. Trotzdem aber war die Situation noch sehr günstig. Es kam nur darauf an, schnell mit den Sachsen bei Pirna fertig zu werden; mit einem Wort dies Lager zu erstürmen. Daß das keineswegs unmöglich war, hat zuerst Napoleon in seinem „Précis des guerres de Frédéric II"**) behauptet und ein neuerer, dem preußischen Generalstabe angehöriger Militärschriftsteller, Boie***), hat diese Ansicht für „unbedingt richtig" erklärt und eingehender begründet. Die Stellung war zwar sehr fest, aber für die kleine Zahl der Sachsen

*) Naudé H. Z. 56, 430.
**) Bd. V der Mémoires.
***) In den Mil. Klassikern.

gegen mehr als dreifache Uebermacht zu groß. Der König hat sich auch sehr ernsthaft mit der Idee beschäftigt*), Winterfeldt bereits einen Plan dazu entworfen — aber der Entschluß wurde nicht gefaßt. Von Woche zu Woche täuschte man sich hin mit der Erwartung, daß die Sachsen sich aus Mangel an Lebensmitteln in der kürzesten Frist ergeben müßten. So wurde die Schlacht bei Lowositz, nur mit halben Kräften unternommen, statt einer Entscheidungsschlacht, zu einer so zu sagen, bloß negativen Schlacht, in der die Preußen mehr verloren als die Oesterreicher. Von Verfolgung war so wenig die Rede, daß österreichische Kritiker dem Feldmarschall Browne einen Vorwurf daraus gemacht haben, daß er überhaupt zurückgegangen sei. Wie anders, wenn Friedrich statt des in dieser Art fast zwecklosen Blutvergießens, das sächsische Lager erstürmt hätte und dann mit seiner gesammten Streitmacht über Browne hergefallen wäre, dem er schon mit der Hälfte überlegen gewesen war! Den Verlust bei der Erstürmung des sächsischen Lagers hätte er leicht ersetzen können. Noch hatte er Reserve-Truppen im Lande und warum spannte er nicht die Kräfte seines Volks bis zum Aeußersten an und führte die allgemeine Wehrpflicht ein, die sein sonst so viel weniger energischer Großneffe ein Menschenalter nach seinem Tode dekretirte? Auf solche neuen, wahrhaft schöpferischen Gedanken aber verfiel König Friedrich II. nicht; lieber schonte er das Leben der Soldaten, die er hatte, aber er schonte es mehr, als sich mit einer wahrhaft energischen Kriegführung vertrug.

---

*) Vgl. Naudé, Forsch. z. preuß. Gesch. Bd I H. I S. 260. 261.

Trotz allem war auch jetzt noch nicht jede Möglichkeit einer wirksamen Kriegführung verloren. Am 14. October boten die Sachsen die Capitulation an. Das ist auf das Datum genau derselbe Tag, an dem Napoleon die Preußen bei Jena und Auerstädt besiegte und Napoleon hat die Jahreszeit nicht für zu strenge gehalten, um nicht noch in einem Zuge von der Saale bis an die Weichsel zu gelangen. Was that Friedrich? Er ging in die Winterquartiere. Im nächsten Jahr, als ihm die Noth auf den Nägeln brannte, hat er es nicht für unmöglich gehalten, noch am 5. November und 5. December Schlachten zu schlagen. Ja die späte Jahreszeit bot im Jahr 1756 sogar gewisse Vortheile. Man konnte jetzt sicher sein, daß nicht nur die Franzosen, sondern auch die Russen nichts mehr unternehmen würden*) und der König konnte daher nicht nur das Reserve-Corps in Pommern, sondern selbst den Rest der rheinischen und einen Theil der ostpreußischen Truppen an sich ziehn, um seine etwaigen Schlacht-Verluste sofort zu ersetzen. Hätten selbst die Russen der Provinz Preußen einigen Schaden zugefügt, so konnte das gegen die Möglichkeit, ja Gewißheit, den österreichischen Kriegsstaat völlig zu zerschmettern, nicht in Betracht kommen. Mit der Hälfte seines Heeres stand der König bereits in Böhmen: auf zwei Meilen Entfernung von ihm das österreichische Hauptheer. Alles in Allem mit etwa 120000 Preußen konnte man sich auf 80000 Oesterreicher werfen: Friedrich der Einzige ging in die Winterquartiere. Als der russische Feldmarschall Apraxin im nächsten

---

*) An Lehwaldt, 16. October Pol. Corr. Nr. 8217.

Jahr nach seinem Siege von Groß-Jägersdorf den Rückzug antrat, berief er sich darauf, daß doch Friedrich seinen Sieg von Lowositz auch nicht verfolgt habe, sondern trotz seiner Uebermacht zurückgegangen sei*). Eine bessere Kritik der Friedericianischen Strategie kann es nicht geben. Apraxin's Verfahren hat man immer geglaubt nicht anders als durch Verrath erklären zu können. Was sagen die Friedrichs-Theologen, was sagt dieser Theologen oberster, der Verfasser des vielgerühmten Werkes „Friedrich der Große als Feldherr", was sagt Theodor von Bernhardi dazu?

Ueber die Möglichkeit einer Erstürmung des Pirnaer Lagers schweigt er auf das sorgfältigste. Auch nicht mit der leisesten Andeutung wird sie dem Leser verrathen. Die Fortsetzung des Feldzuges aber nach der Capitulation war unmöglich ganz von der Erwägung auszuschließen. Wird die Unterlassung gerechtfertigt? So sehr wagt Bernhardi seine Principien nicht zu verläugnen. Friedrichs Strategie tadeln? Nimmermehr. Bernhardi rettet sich in den Zufluchtsort, der von je den Gläubigen den sichersten Schutz geboten hat: in das asylum ignorantiae. „Wir sind, wenigstens für jetzt, nicht im Besitz aller Elemente, durch die ein entschiedenes Urtheil bestimmt werden müßte — denn noch sind uns nicht alle Einzelheiten der augenblicklichen Lage bekannt, mit denen gerechnet werden mußte". Wie hübsch könnte man mit diesem Satz Daun zu einem großen Feldherrn stempeln, wenn er nicht die Courage hatte dem Preußenkönig auf den Leib zu gehen! Aber seit wir für die Oesterreicher Arneth und

*) Masslowski, der Siebenjährige Krieg nach russischer Darstellung. Uebers. von Drygalski I S. 246.

für die Preußen die „Correspondenz" haben, ist mit dem Liebesmantel des Nicht-Wissens nicht mehr auszukommen. Die von Bernhardi noch vermißten Einzelheiten sind uns nunmehr alle bekannt und was ist das Resultat? Das Resultat ist, daß der König und Feldherr den ihm von seinen strategischen Gläubigen untergelegten Gedanken der rettenden That niemals weder im Sommer, noch im Herbst, weder vor noch nach der Capitulation der Sachsen gehabt hat. Er hat die That nicht ausgeführt, weil er sich niemals nur so weit emporgeschwungen hat, sie zu denken. In dem nordöstlichen Winkel von Böhmen Winterquartier zu nehmen, das war die Höhe seiner strategischen Phantasie*). Bernhardi (S. 40) legt Friedrich als etwas Selbstverständliches den Gedanken unter, daß wenn er Böhmen oder auch nur den größten Theil von Böhmen in Besitz nehmen wollte, das ohne eine entscheidende Schlacht nicht denkbar sei. Ueber des Königs wirkliche Auffassung dürfte man vielleicht einen Rückschluß machen aus einem Brief des Feldmarschalls Schwerin (v. 13. Sept.), mit dem der König den Feldzugsplan mündlich verabredet hatte. Schwerin nimmt in Aussicht, daß er (von Glatz aus in Böhmen einrückend) den österreichischen Truppen unter Piccolomini ein Gefecht liefern könne. „Denn gestatten Sie gnädigst, Sire, fährt er fort, ich sehe nicht, wie Sie sich solide in Böhmen während des Winters etabliren können, ohne vorher an einer oder der

*) Diese Thatsache ist festgestellt durch Naudé in der Hist. Zeitsch. a. a. O. und von Neuem auf Grund der ungedruckten Memoiren des Prinzen August Wilhelm in d. Forsch. z. brandenb. preuß. Gesch. Bd. 1. H. 1.

anderen Stelle einen entscheidenden Schlag geführt zu haben.“ Dann setzt er auseinander, wie schlecht die Oesterreicher noch gerüstet seien, wie wenig Selbstvertrauen sie hätten und wie im nächsten Jahr das Alles schon anders stehen werde. Danach muß doch bei den Besprechungen mit seinem Feldmarschall der König nicht gar zu viel Schlachtneigung haben spüren lassen.

Als die Sachen dann anfänglich so gut gingen, namentlich als er hoffte, daß die Sachsen sich nur wenig Tage bei Pirna halten und dann gutwillig in seine Dienste treten würden, da spricht er wohl sehr zuversichtlich auch von der Möglichkeit einer Schlacht, aber doch nur mit dem Zweck, so weit in Böhmen einzudringen „als er es sich vorgenommen“ und wie er es Schwerin „in Potsdam gesagt habe“, das heißt noch nicht einmal bis Prag*). Das haben ihm die Sachsen verdorben; kein Wunder, daß er sich ziemlich leicht darüber tröstete. Den strategischen Dogmatikern mag es schwerer werden.

Ueber die Maßregel, das gefangene sächsische Heer einfach in ein preußisches umzuformen, brauchen wir kein Wort zu verlieren. Der Erfolg, die Nachwelt, Friedrich selbst haben sie verdammt**).

---

*) Pol. Corresp. Nr. 7930. Bd. XIII S. 297.

**) Es scheint, daß ein Bericht des preußischen Gesandten in Dresden, Maltzahn, beigetragen hat, den König zu der Maßregel zu verleiten. Dieser schrieb (19. August), die sächsische Regierung fürchte, daß ein Theil ihrer Soldaten zu den Preußen übergehen werde. Bei solcher Stimmung schon im Frieden, konnte Friedrich, nachdem die Sachsen im Lager von Pirna nun ihre Regierung noch besser kennen gelernt hatten, wohl meinen, daß er sie ziemlich leicht für sich gewinnen werde.

Als Schlußergebniß dieses Feldzugs dürfte jedenfalls zu gelten haben, daß es keine sonderliche militärische Leistung war, einen ganzen Feldzug zu gebrauchen, um mit einem Heer von 100 000 Mann ein anderes von 18 000 Mann außer Spiel zu setzen und ein sonst nicht weiter vertheidigtes Land zu occupieren.

Um dieses Gewinnes willen hatte der König vor ganz Europa den Anschein des Friedebrechers auf sich genommen — und nicht nur vor Europa. Seine eigenen Brüder, der Prinz von Preußen und Prinz Heinrich waren der Ansicht, daß man einen ungerechten Krieg führe*), der zu vermeiden gewesen wäre und hervorgerufen wurde „einzig und allein durch den schrankenlosen Ehrgeiz, durch die schmählichen Leidenschaften, durch die jahrelangen Umtriebe eines einzelnen Mannes, des alles beherrschenden und lenkenden Winterfeldt, der den schwachen willenlosen König trotz dessen großer Friedensliebe zum Kriege gedrängt hat". Um sein Recht vor aller Welt zu beweisen, übergab Friedrich die Actenstücke über die Pläne seiner Feinde einem seiner geschicktesten diplomatischen Gehülfen, Hertzberg, zur Bearbeitung und Veröffentlichung. Eben Hertzberg selbst aber publicirte ein halbes Jahr nach dem Tode des Königs über den Ursprung jenes Krieges „der den Staat beinahe zu Grunde gerichtet und an den Rand des Unterganges gebracht hat", eine Darstellung, in der es heißt, er habe aus den Originaldepeschen der österreichischen und sächsischen Minister die eventuellen Kriegs- und Theilungspläne gegen Preußen be-

*) Naudé, Forschungen z. brandenb. u. preuß. Gesch. Bd. I S. 235 u. S. 257.

wiesen. Hertzberg fährt aber fort: „Es ist festgestellt, daß diese Pläne bestanden haben; aber da sie nur eventuell waren, und den Fall voraussetzten, daß der König von Preußen den Anlaß zum Kriege gäbe, so wird immer zweifelhaft bleiben, ob diese Pläne jemals ausgeführt worden und ob es gefährlicher gewesen wäre, sie abzuwarten, als ihnen zuvorzukommen."

Auch nach Hertzbergs Ansicht hätte der König also einen Krieg provocirt, der sich doch vielleicht noch hätte vermeiden lassen und dann hat der große Mann doch nicht gewagt, ihn wirklich zu führen, sondern hat ihn der Hauptsache nach kommen lassen.

Als das strategische Meisterstück des Heldenkönigs hat von je der Feldzug von 1757 gegolten: der plötzliche Einbruch in Böhmen von drei Seiten, die Schlacht bei Prag, die Einschließung der feindlichen Armee. „Auf den Wällen von Wien würde er den Frieden dictirt haben, wenn er auch noch die Schlacht bei Kollin gewonnen hätte."

Die Kritik und die neuere Forschung hat dieses Idealbild wesentlich verändert.

Zunächst von wem stammt der vielgerühmte strategische Plan?

Nicht vom König. So wenig dieser im Herbst 1756 an einen Entscheidungs-Feldzug gedacht hatte, so wenig dachte er im Frühjahr 1757 daran. Nicht weniger als vier Projecte entwarf er*); alle vier gehen von der Defensive

---

*) Pol. Corr. Nr. 8751. Ganz unrichtig ist, wie noch Wiegand thut H. Z. 60, 532 die letzte Eventualität in dem Plan des Königs über einen Einmarsch in Böhmen, wenn der Feind keine Offensive

aus. Die Initiative soll dem Feind überlassen bleiben; nach den verschiedenen Möglichkeiten seines Angriffs sind die Eventual-Vertheidigungs-Projecte gestaltet. Von solchen strategischen Conceptionen pflegt ein neuerer Militär-Schriftsteller zu sagen, erfahrungsmäßig treffe von den vier vorausgesetzten Möglichkeiten immer die fünfte ein und einer der allerdevotesten Friedrichs-Theologen hat sich nicht entbrechen können zu sagen*), daß er „kaum begreifen" könne, wie sein Held „hier einen Augenblick so kleinmüthig gedacht" habe. „Große Zersplitterung der Kräfte", „Mangel jeden Initiativgeistes", „eine ganz merkwürdige, fast unbegreifliche Künstelei" findet er in diesen eigensten Entwürfen. In den meisten Fällen sollte Schlesien von vornherein preisgegeben, nur die Festungen besetzt werden; erst wenn der Feind seinerseits sich garnicht zur Offensive entschließen wollte, sollten die Preußen vorgehen und durch eine „Finte" das österreichische Heer zurückmanövriren. Entscheidet man Weltgeschicke durch „Finten"?

Unmittelbar nachdem der König dieses Pläne-Magazin an den Feldmarschall Schwerin abgeschickt hatte, erhielt er ein Schreiben Winterfeldts, von einem anderen Geist eingegeben. „Die jetzigen Umstände von Ew. Majestät sind allezeit einem Hasard unterworfen, als woraus nichts als ebenfalls die allerhardieste Partie prompt zu ergreifen, retten kann." Deshalb schlägt Winterfeldt die Offensive vor und zwar bald; mit 30000 Mann, ehe der Feind fertig, sei mehr

---

ergreife, in irgend einen Vergleich zu setzen zu dem Vorschlag Winterfeldts.

*) Zimmermann im Beiheft z. Mil. Wochenbl. 1884. S. 22 u. 24.

auszurichten, als mit 60000 im Juni. Auch Schwerin redete zu. Einige Zeit schwankte der König, wie es scheint, weil er noch von den Franzosen Nachrichten erwartete: als ob nicht, je früher diese kamen, die Winterfeldt'sche Operation um so nothwendiger gewesen wäre. Ein Feldherr, der den Werth der Initiative kennt, macht seine Entschlüsse nicht abhängig von denen des Feindes. Nach mehrfachem Hin- und Herverhandeln willigte der König endlich ein, indem er sich ausbedang, daß Schwerin (von Schlesien einrückend) ihm zu Hülfe komme, wenn er selbst das Erzgebirge überschreitend mit dem ihm gegenüberstehenden Feinde nicht fertig werde. Der letzte Zweck des Plans war aber auch jetzt keineswegs, Oesterreich niederzuwerfen, sondern nur, es so weit zu schwächen, daß ein Theil der preußischen Armee zur weiteren Bekämpfung genüge und der Rest sich gegen die Franzosen wenden könne.

Die Art des Einmarsches ist von Napoleon, dem man strategisches Urtheil nicht absprechen, und ebenso von dem preußischen Generalstabswerk, dem man keine Voreingenommenheit gegen den König imputiren wird, kritisirt worden. Napoleon tadelt den Anmarsch in getrennten Kolonnen mit 35 Meilen Distance. Auch das Generalstabswerk will, daß die Hauptoperationslinien alle von der Lausitz hätten ausgehen sollen. Aber, wie Friedrich in seiner Vertheidigungsschrift vom Herbst sagt: „Die Menge urtheilt über unser Verhalten nicht nach unseren Beweggründen, sondern nach dem Erfolge. Was bleibt uns also zu thun? Es kommt darauf an, glücklich zu sein." „Das Glück gefiel sich darin, Friedrich mit seinen Gaben zu überhäufen", sagt Napoleon.

Er siegte. Liest man seinen Briefwechsel mit Schwerin und Winterfeldt, so ist nicht zu läugnen, daß ein großer Zug hindurchgeht. „Langsam bedacht, dem Feind sein Dessein cachiret und frisch executiret, das macht alles aus", schreibt der König an Winterfeldt. Mit seinem Kopf mache er den Feldmarschall für die pünktliche Ausführung der Befehle verantwortlich, schrieb er dem ältesten und angesehensten Officier seines Heeres, dem persönlich von ihm so hochverehrten Schwerin. Das klingt heldenhaft genug. Aber nicht auf Reden und Ermahnungen kam es an in dieser Krisis. Friedrich war eine vielseitig organisirte Natur, lebhaften Sinnes für Geist und Schönheit, Sohn einer lernbegierigen und bildungssüchtigen Zeit, dem packende und mächtige Sentenzen und Worte nicht versagt waren. Mit Recht aber hat schon längst ein Jünger der neuesten kritischen Schule den Grundsatz aufgestellt, um Friedrich richtig zu beurtheilen, müsse man seine Schriften ungelesen lassen und sich nur an seine Thaten halten. Was nun diese Thaten betrifft, so hat der eigene Bruder des Königs, dem wir als Bruder doch wohl trauen dürfen, noch dazu der Bruder, dem der König selbst das Zeugniß gegeben, daß er als General nie einen Fehler gemacht, Prinz Heinrich also, hat oft genug gesagt, sein Bruder habe eigentlich keine Courage gehabt.

Ein frischeres Wagen als im vorangehenden Jahre zeigt sich in der Schlacht bei Prag — wann aber hätte man auch wagen wollen, wenn nicht jetzt? Selbst wenn der preußische Angriff abgeschlagen wurde, so war durch die Zerstörung der österreichischen Magazine doch der Hauptzweck des Feldzuges, Zeit zu gewinnen, erreicht. Die Preußen riskirten also nicht so sehr viel bei einer Niederlage, siegend aber konnten sie hoffen, den Feldzug mit einem Schlage zu beendigen. Solche Erwägungen mußten selbst die größte Vorsicht überstimmen. Wie die Dinge lagen, hätte es vielleicht nicht einmal der Heranziehung der Schwerin'schen Truppen an die Armee des Königs bedurft. Der König konnte, wenn er nur alle seine Kräfte zusammenhielt, allein mit seinem Gegner fertig werden und durch Schwerin, wie dieser es wünschte, die Serbelloni'schen (Daun'schen) Truppen nach Mähren hin verfolgen lassen.

Wir wollen auch nicht unerwähnt lassen, daß neben der Erzählung, der König habe sofort nach der Vereinigung mit Schwerin die Schlacht gewollt, die andere existirt, daß erst Schwerins Zuspruch ihn dazu gebracht habe. Sie mag, wie neuere Forscher wollen*), nicht richtig sein; charakteristisch ist doch, daß es erzählt und geglaubt wurde. Selbst in dieser Situation wollte man dem König eine unbedingte Entschlossenheit nicht zutrauen.

Daß man in Preußen den Sieg so über alle Maßen verherrlichte und bis auf den heutigen Tag verherrlicht, darin steckt doch auch ein tüchtiges Stück Parteitaktik des in diesem Staate so mächtigen Royalismus. Auch der poetische Zauber, mit dem der Heldentod des alten Feldmarschalls Schwerin die Schlacht verklärt hat, mag dazu mitwirken.

Als kriegerische Leistung wird sie wohl einigermaßen überschätzt. Daß die preußischen Truppen an Zahl den Oesterreichern gleich, an Qualität ihnen überlegen, siegten,

*) Amman, Die Schlacht bei Prag. Vgl. jetzt auch Pol. Corr. Bd. 17 S. 134.

ist nicht mehr als natürlich. Was aber die Führung betrifft, so ist zugestanden, daß nach den heutigen d. h. richtigen „Grundsätzen der Kriegskunst das Belassen des Keith'schen Corps auf dem andern Flußufer kaum (wohl vielmehr garnicht) zu rechtfertigen" sei. Statt der 12500 Mann Verlust, die sonst angegeben werden, ersieht man aus Friedrichs Correspondenz, daß er nur sehr gering, höchstens 5—6000 Mann stark war. Und was war denn der Erfolg? Die österreichische Armee schloß sich in Prag ein und nach sechs Wochen hieß es für die Preußen „wie gewonnen, so zerronnen". Es paßt eben auch auf die berühmte Bataille von Prag, was der General Lloyd von den Schlachten seiner Zeit überhaupt sagt, daß sie nämlich eigentlich nicht Schlachten, sondern nur Scharmützel heißen dürften, da sie nichts entschieden.

Wir brechen hier ab: es ist der größte und glänzendste Siegeszug des Preußenkönigs, den wir kritisirt haben. Wird man glauben, daß er besser herauskommt, wenn wir ihm noch in die Niederlage nach Kollin folgen? Die frühere Erzählung, daß er selbst durch launenhafte Aenderung der Disposition die Niederlage herbeigeführt habe, ist allerdings von der neueren Forschung beseitigt. Wenn aber auch die directe Schuld einen Unterführer trifft, so ist es doch eben die Aufgabe des Feldherrn die zu Unterführern zu ernennen, die keinen Fehler machen. Die tiefere Schuld an dem Ausgang trägt aber auch abgesehen davon der König allein. Es war durchaus nicht nöthig, die Schlacht so zu überhasten oder sogar sie überhaupt zu liefern. Napoleon, Clausewitz und von neueren Militär-Schriftstellern Boie sind darin einig, daß der König Daun hätte einen Marsch näher herankommen lassen sollen; dann hätte er die Bataillone, die ihm bei Kollin zur Durchführung der Schlacht fehlten, von der Einschließungs-Armee nehmen können. Hätte er dazu, wie Napoleon will, eine Contravallationslinie angelegt, so hätte ihm durchaus nichts geschehen können. Es war also seine eigene Tollkühnheit, die nach anfänglichem Erfolg das klägliche Scheitern der größten Rüstung, mit der Preußen jemals in's Feld gerückt war, verschuldete.

Roßbach und Leuthen? Nun ja, das sind ganz wackere Thaten. Aber zuletzt: bei Roßbach schlug er ein elendes Heer unter der elendesten Führung, indem er es im Marsch überfiel; bei Leuthen standen zufällig gerade an dem Punkte, auf den er seinen Angriff richtete, die Würtemberger, die gegen den protestantischen Preußenkönig nicht fechten wollten, Kehrt machten und ihn so in die Flanke der Oesterreicher kommen ließen. Und das ist der Höhepunkt. Wir ersparen es uns die späteren Feldzüge durchzugehen, die immer schwächer werden, um endlich auszulaufen in die Feldzüge von 1762 und 1778, wo er, obgleich dem Feind an Zahl gewachsen oder sogar überlegen, überhaupt keine Schlachten mehr schlug.

Der Feldherrn-Mantel Friedrichs des Einzigen liegt zerfetzt am Boden. Was bleibt von dem großen Manne? Er war ein Schöngeist, dem es Vergnügen machte, die Talente seines Jahrhunderts um sich zu versammeln und mit ihnen zu verkehren. Er war ein tüchtiger Kriegsminister, der seine Armee in Ordnung hielt. Er war ein ordentlicher Finanzmann und Verwaltungsbeamter, der die Staatsgelder nicht für persönliche Liebhabereien verschwendete und die Organisation seines großen Vaters pünktlich in Gang hielt. Wäre er ein großer Staatsmann gewesen, der Staat, den er hinterließ, hätte nicht zwanzig Jahre nach seinem Tode durch einen einzigen Stoß so vollständig in Trümmer gehen können, wie er es that.

Merkwürdig, wirklich merkwürdig ist nur, daß dieser zertrümmerte Staat plötzlich wieder auferstand und daß es die Erinnerung an die Großthaten König Friedrichs war, welche den Enkeln den Muth und die Zuversicht der Wiedergeburt einhauchte, — die Großthaten Friedrichs? Wir haben ja gesehen, was an diesen Großthaten war! Dennoch ist von ihnen dieser Zauber ausgegangen. Es giebt, scheints, Namen, an welche die Menschheit glaubt und wenn sich dieser Glaube erst festgesetzt hat, so läßt sie sie sich durch keine Kritik mehr abdisputiren. Merkwürdig, sehr merkwürdig!

4. Die Ansicht Dunckers und Anderer.

Am umfassendsten, gelehrtesten und scharfsinnigsten ist die Auffassung des Perikles, die ich bekämpfe, vertreten von Max Duncker im achten und neunten Bande seiner Geschichte des Alterthums. Meiner eigenen Untersuchung sei daher eine Uebersicht über die Darstellung Dunckers voraufgeschickt, welcher ich die bemerkenswerthen Ansichten anderer Autoren an den betreffenden Stellen einfüge.

Duncker zufolge hat Themistokles schon sehr bald nach den großen Perserschlachten einen Angriffskrieg Athens gegen Sparta in's Auge gefaßt, der siegreich durchgeführt Athen an die Spitze des gesammten Griechenland hätte stellen müssen. Gleichzeitig faßte Themistokles auch die Ausdehung des athenischen Einflusses über den Westen, Süditalien und Sicilien in's Auge und der Krieg mit den Persern selbst war noch in vollem Gange. Diese verwogenen Pläne aber waren es, die Themistokles zu Falle brachten; im zehnten Jahr nach der Schlacht bei Salamis setzten es seine Gegner durch, daß er verbannt wurde. Unter des Aristides und namentlich des Cimon Führung verfolgten die Athener nun ein Jahrzehnt lang die Politik, mit Sparta Freundschaft zu halten, während sie den Kampf gegen Persien fortsetzten; sie gingen in ihrer Freundschaft für Sparta endlich so weit, diesen Rivalen, als er durch Aufstand der Heloten in die äußerste Noth gerathen war, mit Hülfstruppen zu unterstützen und zu retten. Sparta lohnte diese Hülfe mit Undank und so gewann unter Führung des Ephialtes wieder die antispartanische Tendenz in Athen die Oberhand. Ephialtes nahm die auswärtige Politik des Themistokles, den Gegensatz gegen Sparta, wenn auch nicht mit dessen Schärfe und Weitsicht wieder auf (Bd. VIII S. 247). Seine „Politik war kühn, vielleicht zu kühn" (S. 272). Er war entschlossen, die Machtsphäre Athens über den Isthmus hinaus in den Peloponnes zu erstrecken und schloß deshalb ein Bündniß mit Argos (S. 275) und unbekümmert, um das was in Hellas geschehen konnte, wurde in der großartigsten Weise zugleich der Krieg gegen Persien geführt; eine Flotte und Heer den aufständischen Egyptern zu Hülfe geschickt. „In dem Ephialtes schien der Mann gefunden zu sein, der den Themistokles zu ersetzen vermochte, wenn nicht als Feldherr doch als Staatsmann. In der Kühnheit, in dem Nachdruck und der Festigkeit, mit denen unter seiner Leitung die größten Aufgaben übernommen und unter stärkster Anspannung der Staatskraft, durch die schwersten Krisen unbeirrt, gelöst worden waren, war Ephialtes schwerlich hinter Themistokles zurückgeblieben“ (S. 314). Die Athener siegten in Egypten, sie vernichteten die vereinigten Flotten der Peloponnesier in zwei Seeschlachten, sie unterjochten ihren gefährlichsten maritimen Rivalen, Aegina; sie erlitten zwar in der Landschlacht von Tanagra eine Niederlage, wetzten die Scharte aber sofort durch den Sieg von Oenophyta wieder aus. Als Ephialtes im dritten Jahre des Krieges (457) ermordet wurde, ging die Leitung des Volkes an seinen bisherigen Genossen den Perikles über. Dieser „schien hinter seinem Vorgänger nicht zurückzubleiben“ (S. 340). Des Ephialtes Programm war auch das seinige. Die Flotte erhielt unter Tolmides Führung eine Aufgabe „der kühnsten Art“ und trefflich geeignet, die Stärke der Gegner im Kerne zu treffen und zu zerstören.

„Nur ein Erfolg war dem Tolmides entgangen, die Festsetzung an der Küste Messeniens, die die bedeutsamste Wirkung hervorgebracht haben würde.“ Auch im nächsten Jahre, wo Perikles selbst den Oberbefehl über die Flotte führte, wurde diese Maßregel, die vor allem nöthig gewesen wäre, nicht nachgeholt (S. 344). Statt dessen suchte Perikles die Herrschaft Athens über den krisäischen Busen zu erweitern, was ihm vermöge eines Sieges über die Sikyonier und eines Bündnisses mit den Achäern gelang; nur die Eroberung der Stadt Oeniadae konnte er nicht erreichen. Durch die Ansiedelung der vertriebenen Messenier in Naupaktus gewann aber Athen an dem Meerbusen einen außerordentlich festen Stützpunkt.

Im nächsten Jahr kam der Rückschlag durch die furchtbare Niederlage in Egypten. Heer und Flotte der Athener wurden hier vollständig vernichtet. Täglich konnte man die persische Flotte wieder im ägäischen Meer erwarten. In dieser Noth riefen die Athener den verbannten Cimon zurück. Perikles selbst, entweder aus eigener Ueberzeugung oder weil er der Strömung nicht zu widerstehen vermochte, brachte den Antrag ein. Das war ein großer Fehler. „Cimons Rückberufung zeigte den Spartanern zu deutlich, daß man Frieden haben wolle und müsse und setzte sie damit in die Lage, einen sehr hohen Preis für den Frieden zu fordern. Athen sagte mit Cimons Rückberufung: „Ich will den Frieden, ich brauche ihn“; die selbstverständliche Antwort war: „Zahle ihn nach meinem Ermessen, denn ich bedarf seiner nicht!“ (S. 356.) Drei Jahre lang zogen sich die Dinge hin, ohne daß von beiden Seiten erhebliche Feindseligkeiten ausgeführt worden wären. Endlich brachte Cimon einen fünfjährigen Waffenstillstand auf Grund des Besitzstandes zum Abschluß (im Jahre 451). Athen behielt Megara, Trözen, Achaja auf dem Peloponnes; dazu die unangefochtene Seeherrschaft. Dennoch war der Waffenstillstand allein den Spartanern günstig, weil in der kurzen Frist von fünf Jahren die Herrschaft Athens auf dem Peloponnes doch nicht festwachsen konnte und das Bündniß Athens mit Argos dadurch gelöst wurde. Denn mit Argos schlossen die Spartaner jetzt einen Frieden auf dreißig Jahre. Athen,

Perikles und Cimon, die geglaubt hatten, durch die Rückberufung Cimons, d. h. durch das Angebot der Herstellung des Einverständnisses, Sparta zu günstigen Friedensbedingungen bestimmen zu können, sahen sich also schwer getäuscht (S. 362).

Die Schuld, daß nach Ephialtes Tode Athen nicht auf der Höhe, die es unter ihm erreicht hatte, blieb, fällt wesentlich auf Perikles. „Schärferer Erwägung und größerer Voraussicht, so könnte man meinen, hätte die Lage der Streitkräfte des Bundes in Aegypten nicht wohl entgehen können und rechtzeitige Verstärkung oder rechtzeitige Zurückberufung derselben hätte wohl Athen und dem Bunde ein großes Mißgeschick ersparen mögen. Die Richtung, die Perikles seinem Zuge im krisäischen Busen gegeben hatte, war kaum die den Gegnern schädlichste, die Eröffnung der Unterhandlungen mit Sparta durch Cimons Rückberufung nicht die geeignetste. Aber die Lage war ungemein schwierig und die Zurückberufung Cimons schwerlich zu vermeiden, vielleicht nicht einmal zu verzögern."

Ein anderer Forscher, Pflugk-Harttung*) setzt den Rückgang schon früher an. Der Zug des Perikles durch den korinthischen Meerbusen war nach ihm mehr ein Herumtasten, als ein ernstliches Zupacken; das Resultat wenig mehr als die Aufrichtung eines Siegeszeichens.

Nach Abschluß des Waffenstillstandes mit Sparta wurde der Angriffskrieg gegen Persien in großem Maßstabe wieder aufgenommen, um die Niederlage in Aegypten zu rächen

*) Perikles als Feldherr. Stuttgart 1884.

und der Eventualität vorzubeugen, daß etwa Persien seinerseits wieder zum Angriff übergehe, wenn nach Ablauf des Waffenstillstandes Athen wieder mit Sparta im Kampfe liege. Die athenische Flotte erfocht den großen Sieg bei Cypern.

Auf diesem Zuge starb Cimon und die Leitung der athenischen Bürgerschaft, die mit seiner Rückkehr aus der Verbannung wieder mehr an ihn übergegangen war, fiel von jetzt an dem Perikles zu.

Perikles änderte das alte vom Ephialtes einst auf ihn überkommene Programm der auswärtigen Politik (Bd. IX S. 7). Er gab die weitere Offensive gegen Persien auf und bot dem Großkönig ein Abkommen auf Grund des Besitzstandes an. Obgleich der Perser das Anerbieten ablehnte, so trat doch von beiden Seiten ein thatsächlicher Friedenszustand ein. Perikles aber hemmte die Siegeslaufbahn der Athener gegen Persien nicht etwa, um nunmehr energisch gegen Sparta vorzugehen. Er ließ die Spartaner den Waffenstillstand durch eine Expedition gegen die Phocier brechen ohne einzuschreiten; er setzte zwar nach Abzug der Spartaner die athenerfreundliche Partei wieder ein, aber die geringe Energie, die Athen gezeigt hatte, trug doch bald üble Frucht. Die thebanische Partei in Böotien erhob sich gegen die athenische. Nur 1000 athenische Hopliten mit einem Bundesgenossenaufgebot zogen aus und wurden in der Schlacht bei Koroneia (Herbst 447) vollständig geschlagen und was nicht fiel, gefangen. Von Athen hatte man, obgleich man die Gefahr nothwendig erkennen mußte, keine Hülfe geschickt. Um die gefangenen Athener wieder auszulösen, lieferte man nun aber gar ganz Böotien an Theben aus und machte dadurch die an sich nicht so sehr erhebliche Niederlage zu dem schwersten Schlage, den Athen seit 150 Jahren erlitten (S. 63). Alle Feinde Athens faßten jetzt Muth. Euböa erhob sich; Megara fiel ab; die Spartaner rückten in's Feld. Zu einer großen Entscheidung aber kam es nicht. Perikles war ein vorsichtiger, ein mehr als vorsichtiger Feldherr (S. 71). Man schloß endlich einen Frieden auf dreißig Jahre, in dem Athen zwar seine maritime Stellung mit der Herrschaft über Euböa behauptete, aber Böotien und den Peloponnes, Achaja, Trözen und Megara aufgab (Herbst 445). Dieser Friedensschluß war für Sparta ebenso günstig, wie für Athen ungünstig. Es bekannte sich besiegt, ohne geschlagen zu sein. Die Verantwortlichkeit für den unglücklichen Vertrag, der Attikas Ruf und Ruhm verdunkelte, der als eine Erniedrigung des Staates tief, bitter und lange empfunden wurde, fällt auf Perikles. Noch niemals hatte Athen Verträge so nachtheiliger, so zurückweichender Art geschlossen. Der Kampf gegen Persien wurde nicht wieder aufgenommen; die Kriegstribute der Bündner verschwendet in den Akropolisbauten.

Als Samos von den Athenern abfiel, commandirte Perikles die Flotte, die es wieder unterwarf. Er führte den Krieg mit großer Energie (S. 206), auch in den einzelnen Maßregeln wird von Duncker nichts getadelt, während Pflugk-Harttung auch in diesem Kriege die geringe militärische Fähigkeit des Perikles nachweisen zu können glaubt. Nur in der Schlacht von Tragia findet er ein „frischeres Wagen“, aber die Situation war auch derartig, daß sie selbst die größte Vorsicht überstimmen mußte. Siegten die

Athener, so schnitten sie die samische Flotte ab, vernichteten sie und machten dem Kriege mit einem Schlage ein Ende. Gelang das nicht, so war doch für Athen nichts Wesentliches verloren. Die Kräfte waren nahezu gleich; im Gefecht erlangten wohl die Athener die Oberhand, ihren strategischen Zweck aber erreichten sie nicht.

Für die Niederlage, die die athenische Blockade-Flotte in der Abwesenheit des Perikles erlitt, ist er doch auch in soweit verantwortlich, als die Schwäche dieser Flotte sich durch die Wahl guter Führer theilweise hätte ausgleichen lassen. „Diese ist aber nicht erfolgt, Plutarch berichtet im Gegentheil von ihrer Unerfahrenheit und die Ereignisse haben dies als richtig bewiesen." „Als Schlußergebniß dürfte jedenfalls zu gelten haben, daß es keine sonderliche militärische Leistung war, in mehr als 12 Monaten mit der Gesammtmacht des attischen Bundes eine einzelne Inselstadt und nicht einmal diese, sondern nur deren aristokratische Partei so weit zu bändigen, daß man ihr annehmbare Friedensbedingungen gewährte." „Daß man in Athen dennoch den Sieg verherrlichte, beweist nur, daß man es dort als einen Sieg erklärte und die Perikleische Partei mächtig war."

Die Politik des Perikles, die zum Ausbruch des peloponnesischen Krieges führte, ist nach Duncker schwer zu verstehen. Nachdem der Leiter Athens bis dahin in Kleinmuth allenthalben vor den Spartanern zurückgewichen war, provocirte er endlich den Krieg zu einer Zeit, wo er sehr gut zu vermeiden war und unter Umständen, die für Athen besonders ungünstig waren. Er empfahl den Athenern Abschluß eines Defensiv-Bündnisses mit Korkyra.

„Umsichtig und klug genug, wenn auch nicht weitsichtig" führte Perikles dieses Verhältniß durch (S. 318). Gleichzeitig wurde ein Bündniß mit sicilischen Städten abgeschlossen und Athen dadurch in so unabsehbare Verwickelungen verflochten, daß die Gegner des Perikles von den „Tollkühnheiten seiner auswärtigen Absichten" sprechen konnten. (S. 334.) Potidäa gegenüber wurde aber der schwere Fehler begangen, Zumuthungen zu stellen, ohne zugleich eine Streitmacht auszusenden, welche die Durchführung auf der Stelle zu erzwingen vermochte. So rief man den Conflict, den man zu verhüten wünschte, durch die eigenen Maßregeln erst recht hervor.

Um Korkyras willen stürzte man sich in den Krieg und gewann an ihm einen Bundengenossen zweifelhaftesten Werthes, der sich bald den Verpflichtungen gegen Athen völlig entzog. Die „überfeine athenische Politik, die dadurch bedingte Unsicherheit hat Alles verdorben" (Pflugk-Harttung).

Als nun der Krieg kam, begnügte Perikles sich, statt ihm muthig entgegenzugehen, mit einigen schwächlichen Defensivmaßregeln. „Er hatte den Krieg herbeigeführt, er hatte ihn schließlich provocirt; und er blieb auch dann noch dabei, als mit der Schilderhebung Thebens der Krieg da war, ihn nicht zu machen, sondern herankommen zu lassen." Sein Kriegsplan bestand in der Preisgebung Attikas, in dem Rückzug des Landes in die Mauern der Hafenstadt und in die Mauern Athens. Taktik und Disciplin des Landheeres waren von ihm so vernachlässigt worden, daß es den Peloponnesiern nicht in's Auge zu blicken wagte."

Nach Pflugk-Harttung hätte Athen sich auch zu Lande mit Sparta messen können, wenn es nur sein Landkriegswesen genügend ausbildete und anspannte. Sogar der feindliche Feldherr selbst, Archidamos, hielt das athenische Präsenzheer für ausreichend zur offenen Feldschlacht.

Perikles aber wollte, daß „Bürger, Gutsbesitzer und Bauern von den Mauern und Thürmen der Stadt Jahr aus, Jahr ein in völliger Passivität zuschauten, wie der Feind das Land überschwemme, verwüste, veröde, alle Gebäude, jede Pflanzung mit Stumpf und Stiel in aller Ruhe, ungestört, in vollem Behagen niederwerfe und ausrotte". „Eine wundersame Kriegführung, welche außerordentliche Entschlüsse und Maßnahmen in ständige verwandelte, welche von vornherein aufgeben wollte, was zu vertheidigen dem Staate oblag." Zwar sollte auf dem Peloponnes gelandet und hier ebenfalls verwüstet werden, indeß bedeutete eine solche flüchtige Verwüstung eines Küstenstrichs wenig gegen die gründliche Vernichtung des gesammten attischen Anbaues! Aber selbst wenn diese Verwüstungen beiden Theilen gleichen Schaden brachten, so war damit eine günstige Entscheidung des Krieges nicht zu erreichen. Auf diese Weise kam es nur darauf an, wer zuerst müde wurde. Das wahre Ziel des Krieges aber war Athens Obmacht über Sparta, Athen an die Spitze von ganz Hellas zu bringen. Das konnte niemals durch eine passive Defensive erreicht werden. „Jede rein defensive Abwehr verurtheilt sich von vorn herein dazu, überwältigt zu werden. Auch die Defensive verlangte von Athen, die Gegner in Nord und Süd auseinanderzuhalten, zu schlagen, bevor sie sich vereinigen konnten, dem nächsten Gegner sofort auf den Leib zu gehen." Man mußte sofort in Megara einbrechen, die Geraneia-Pässe neu befestigen und gleichzeitig den Kithäron und Parnes gegen die Böotier sperren. Wollte man sich nicht so weit vorwagen, so genügte auch die Besetzung der nur vier Meilen langen Linie von Eleusis nach Aegosthenä, um die Vereinigung der Feinde von Süden und Norden zu vereiteln. Noch günstiger als die Besetzung der Geraneia wäre aber vielleicht die Offensive gegen Böotien gewesen. Mit seiner Gesammtmacht, den Rüstigen aus allen Altersklassen und den Rittern ausrückend konnte Athen mit doppelter Zahl der Streiter überraschend erscheinen, was von den Gegnern gesammelt war, auf Theben zurückwerfen, in den böotischen Städten die Parteigänger Athens, die Gegner Thebens wieder zur Regierung bringen. Allein durch einen solchen Schlag, die Sprengung des böotischen Bundes und einen Stoß in das Herz Spartas vermochte Athen den Krieg zu seinen Gunsten zu entscheiden. Dieser Stoß in's Herz wäre eine Landung in Messenien gewesen. Durch Ueberfall oder energischen Sturm mußte man einen Hafenplatz nehmen und dann ein starkes attisches Heer hinüberführen. Die Messenier und Heloten strömten diesem dann in hellen Haufen zu. Dieser Stoß konnte nicht fehl gehen und mußte, mit nur leidlichem Nachdruck verfolgt zum Ziel führen. Die bloßen Verwüstungszüge gegen die peloponnesischen Küsten wirkten positiv schädlich, da sie Führer wie Kriegsleute des ernsten Krieges entwöhnten und um ihre Energie brachten. Dieser Kriegsführung waren selbst verlorene Schlachten gegen einen doppelt und dreifach überlegenen Feind, welche vor den

Thoren Athens doch niemals in vernichtende Niederlagen übergehen konnten, bei weitem vorzuziehen.

Von alle dem aber geschah nichts. Perikles wollte keine Initiative und Offensive, auch deshalb, nach Pflugk-Harttung (S. 38), damit er bei etwaigem Unglück kein Odium auf sich lade; „ein wahrhaft großer Bürger soll aber in solchem Augenblick nur an den Staat, nicht auch an sich denken.“ (S. 38.) „Perikles war ein guter Kriegsminister, der weitschauend vorbereitete, aber als General verstand er das Vorhandene nicht auszunutzen. Seine eigentliche Stärke liegt auf einer ganz anderen Seite, im Finanzwesen und in der Staats- bzw. Stadtverwaltung, hier brachte er die richtigen Leute an ihre Plätze, im Kriege haben sich alle Mitgenerale außer Phormion und etwa Theopomp als dürftige Köpfe, theilweise als Stümper bewiesen. Perikles ist ein großer Bürgermeister gewesen, letzteres im eigentlichen Sinne des Wortes.“ (S. 112.)

(Duncker). Als die Peloponnesier in Attika einrückten und das Land verwüsteten, wandte Perikles nicht einmal seine überlegene Reiterei ernsthaft gegen sie an. Er setzte den Athenern auseinander, daß zerhackte und umgehauene Bäume leichter zu ersetzen seien als ein Verlust von Männern. Mit Reden und Ermahnungen war aber in dieser Lage sicher nicht viel auszurichten. Mit Redensarten und Phrasen eines Pariser Kammermitgliedes würdig suchte Perikles das Volk zu bestricken. (Pflugk-Harttung S. 99 und S. 105.) Die athenische Flotte hatte einige mäßige Erfolge, aber die Hauptsache, die Occupirung eines messenischen Hafenplatzes mißlang. Karkinos der Anführer der großen Expedition

„verstand vom Landkrieg absolut nichts“ (Pflugk-Harttung). Nach Abzug der Spartaner trieb Perikles die Aegineten aus und fiel in Megara ein, begnügte sich aber unbegreiflicher Weise mit einem bloßen Verwüstungszuge. Statt dieser militärischen Promenade aber hätte er Megara einschließen und aushungern und jetzt endlich nachträglich die Geraneia besetzen müssen. Die Peloponnesier würden ihn daran nicht gehindert haben.

Aber Perikles hat, wie ein anderer Forscher (Holm II, 374) sagt, „offenbar das Leben seiner Krieger mehr geschont, als sich mit den Erfordernissen einer energischen Kriegsführung vertrug“.

Im nächsten Jahr war in Athen die Pest. Perikles hat seine Kraft nicht daran gesetzt, die Pest in Vollziehung ihrer Todesurtheile über Athen zu hindern (Duncker S. 450). Er unternahm zwar eine erheblich größere Flotten-Expedition als im ersten Jahr, aber der Sturm auf Epidaurus, den er versuchte, scheiterte, die spartanische Werft von Gytheion, die ein so treffliches Object geboten hätte und von da ein Marsch in's Eurotas-Thal kamen ihm nicht in den Sinn. So führte auch dieser Feldzug nur zu höchst überflüssigen Plünderungen. Die große Armada, die stattlichste Rüstung, die Athen je in die See gesendet, war kläglich gescheitert. Allerdings wüthete in Stadt und Heer die Pest; aber ein rechter Feldherr hätte statt die Athener in Verzweiflung verkommen zu lassen, grade die Verzweiflung in Thatkraft verwandelt und sie mit dem Säbel in der Faust gegen den Feind geführt. Sterben mußten sie ja doch. Perikles fand diesen Entschluß nicht. Ihm fehlte eben der strategische

Wagemuth und der Blick, der die Punkte erkannte, an denen der Feind zum Tode zu treffen ist. (S. 505.) „Er war zu vielseitig organisirt, zu lebhaften Sinnes für Geist und Schönheit, zu sehr der Sohn einer lernbegierigen und bildungssüchtigen Zeit, zu großer Redner, um ein Staatsmann von unerbittlich realistischem Blick, um ein Mann rücksichtsloser That zu sein." (S. 503.) Das Volk wandte sich von ihm ab. An der Spitze der jungen Volkspartei wendete sich Kleon gegen Perikles' Art der Kriegführung und wer möchte ihm hierin Unrecht geben? (S. 438.)

Pflugk-Harttung (S. 112) citirt als „stark, aber nicht ganz unzutreffend" den Ausspruch des Komikers Hermippos — daß Hermippos ein Komiker war, fügt Pflugk-Harttung übrigens vorsichtiger Weise nicht hinzu: — „in Worten ein Held, in Thaten ein Feigling".

5. Ueber das Quellen-Material.

Das Quellen-Material für die Kenntniß des Perikleischen Zeitalters läßt sich vom Standpunkt der Information in zwei Gruppen theilen, nämlich hier Thucydides, dort alle Anderen. Diese anderen sind einige fragmentarische Inschriften, Anspielungen in gleichzeitigen Dramen, namentlich in den Komödien, zufällig erwähnte Einzelheiten in anderen gleichzeitigen oder noch ziemlich gleichzeitigen Schriften, die an sich nicht die Geschichte dieser Zeit behandeln, wie im Herodot, bei Plato, bei Xenophon; ähnliche Einzelheiten bei Aristoteles und anderen Späteren, besonders Rednern, die noch eine directe Tradition haben konnten, endlich die großen

Compositionen mehrere Jahrhunderte später, Diodor, Plutarch und andere, die uns die verlorenen Aufzeichnungen von Zeitgenossen indirect erhalten haben. Alle diese Stücke haben das Gemeinschaftliche, daß ihr Werth für sich betrachtet minimal ist. Unsicherheit des Zusammenhanges und der Datirung oder Unsicherheit oder Unlauterkeit der Quelle selbst machen, daß jede einzelne aus dieser Nachrichtenmasse ihren Werth nicht in sich selbst hat, sondern erst von außen her durch offenbare Harmonie mit vielen Anderen die nöthige Beglaubigung erhalten muß. Jeder Forscher hat das Recht und hat stets das Recht in Anspruch genommen, jede einzelne Nachricht namentlich aus den ausführlichen Erzählungen und Schilderungen Diodors und Plutarchs zu verwerfen, sobald sie in sein Gesammtbild nicht hineinpassen will. Nirgends ist hier ein fester Punkt zu finden, von dem man ausgehen könnte, um mit Sicherheit Stein an Stein zu fügen.

Die Frage ist, ob wir an Thucydides' eingehender Darstellung und Charakteristik das Fundament haben, welches das ganze Gebäude einer modernen Geschichte des Perikleischen Zeitalters tragen und beherrschen kann und muß. Früher war man dieser Ansicht. Neuerdings aber sind von einer Reihe von Forschern Bedenken der verschiedensten Art gegen Thucydides erhoben worden. Man zweifelt, ob die äußere Ueberlieferung des Werkes eine genügende ist; ob nicht Bearbeitungen und Interpolationen den Zusammenhang des Ganzen schwer gestört und erschüttert haben; man zweifelt endlich auch an der unbedingten subjectiven Zuverlässigkeit des Autors*). Auch Duncker hat sich auf diesen Stand-

*) Als neueste, gut orientirende Arbeit citire ich: Georg Meyer

punkt gestellt. Obgleich ich diese Auffassung nun nicht theile, im Gegentheil garnichts dagegen habe, wenn man mich auch zu den „Thucydides-Theologen" rechnet, so bleibt, wenn einmal von competenter Seite der Einspruch erhoben ist, doch nichts übrig, als ihn vorläufig gelten zu lassen. Was würde es helfen, zu argumentiren mit der Zuverlässigkeit des Thucydides, wenn ein großer Theil der Forscher diese Voraussetzung nicht acceptirt? Man würde nie zur Einigung gelangen können. Es ist also zu versuchen, ob trotz aller Einwände gegen das Werk des Thucydides, doch aus einigen von Niemand angezweifelten Thatsachen sich ein genügend festes Fundament construiren lassen will. Sollte dieser selbständige Grundriß nachher dem Bau des Thucydides sich sprechend ähnlich erweisen, um so besser und leichter für die weitere Arbeit.

Ich mache dabei noch besonders darauf aufmerksam, daß was ich hier anstrebe, nicht eine Schilderung der Ereignisse in ihrer concreten Erscheinung, ihrer Individualität ist, sondern nur die Feststellung der strategischen Grundsätze und des Feldherrn-Charakters des Perikles. Ob und wie weit man mit dem vorhandenen Quellen-Material auch jenes erreichen könnte, lasse ich dahingestellt; es ist jedenfalls nicht mein Ziel. Um den allgemeinen Charakter zu erkennen, braucht man ja viel weniger; in der Regel genügen dazu größere Bruchstücke, besonders wenn sie aus verschiedenen Lebensepochen sind. Einige neuere Forscher bestreiten das und haben die Ansicht aufgestellt, daß man z. B. auch über

---

„Der gegenwärtige Stand der Thukydideischen Frage". Progr. v. Ilfeld 1889. Nordhausen, Kirchner.

die Strategie Friedrichs des Großen nicht urtheilen könne, ehe man nicht das gesammte Acten-Material über ihn vor Augen habe*). Man bedenke, was das heißen will. Wir haben von Friedrich eingehende Schilderungen seiner Kriege aus seiner eigenen Feder; wir haben seine zahlreichen theoretischen Schriften über Kriegswesen aus allen Epochen seines Lebens; wir haben ein Generalstabswerk über den Siebenjährigen Krieg; die Herausgabe seiner „Correspondenz" umfaßt bereits die Akme seiner Kriegsthaten, Prag, Kollin, Roßbach und Leuthen und dennoch verzweifelt man, auch nur die Grundsätze seiner Strategie mit Sicherheit umschreiben zu können. Man darf wohl annehmen, daß diese Skeptiker aus ihren Bibliotheken längst alles was von Alexander oder Hannibal, Cäsar und Karl dem Großen, vielleicht selbst Gustav Adolf und Prinz Eugen handelt, als eitel Fabelei entfernt haben: denn was wissen wir von allen diesen im Verhältniß zu Friedrich?

Bei unseren alten Historikern ist heute wohl eher ein Fehler in der entgegengesetzten Richtung zu argwöhnen: man stellt Behauptungen auf über Dinge, von denen uns einmal eine wirkliche Kenntniß nicht überliefert ist. Dann stürzt immer eine Hypothese über die andere. Nichts ist wichtiger, als hier stets die rechte Grenze einzuhalten und wenigstens deutlich zu bezeichnen, wo sich die bloße Vermuthung von der sicheren Ueberlieferung scheidet.

Um die außerordentliche Unzuverlässigkeit unseres Einzel-Materials recht eindringlich zu demonstriren, sei es mir ge-

*) Walther Schultze in den Mittheil. d. histor. Litteratur, Bd. 17, H. 2, S. 180 und W. Wiegand in der Hist. Zeitschr. Bd. 60 S. 534.

stattet, einen Abschnitt aus einem neueren Forscher mit der Darstellung eines anderen zu confrontiren. Ich wähle zwei Forscher, die in ihrer Grundansicht nicht etwa auseinandergehen, sondern übereinstimmen. Beide sind dem Thucydides gegenüber skeptisch und denken beide gering von Perikles, namentlich von seiner militärischen Begabung. Ich nehme die ersten zwölf Seiten aus der Schrift Pflugk-Harttungs „Perikles als Feldherr" und füge stückweise die Darstellung Dunckers hinzu.

„Inwieweit er [Perikles] an dem äginetisch-korinthischen Kriege betheiligt gewesen, entzieht sich dem Blicke, als Feldherrn werden genannt Leokrates und Myronides. Desto entschiedener tritt er dafür beim Baue der langen Mauern hervor, einer der größten fortificatorischen Leistungen des Griechenvolkes, welche Athen in den Stand setzte, die Belagerung eines überlegenen Landheeres zu ertragen, ohne ausgehungert zu werden."

Pflugk-Harttung hebt das Verdienst des Perikles um den Mauerbau offenbar deshalb hervor, um von vorn herein bemerklich zu machen, daß der athenische Staatslenker mehr defensiven, passiven Kriegsmitteln zuneigte als activen.

Nach Duncker ist es nicht Perikles, sondern Cimon gewesen, der den Gedanken des Themistokles verwirklicht und den Bau der langen Mauern hat beginnen lassen. Themistokles und Cimon werden sonst von beiden Autoren als die echten Feldherrn-Naturen dem Perikles gegenübergestellt. Mit dem Mauerbau ist sein Name nach Duncker nur dadurch verknüpft, daß er statt das Werk durch eine Strandmauer abzuschließen, die Zwischenmauer nach dem Piräus bauen ließ.

„Noch waren die langen Mauern nicht fertig (Thucydides I, 108), als man mit dem gefährlichsten aller Landfeinde, mit Sparta aneinander gerieth.

„Die Phoker hatten das kleine Doris angegriffen, eine seiner vier Städte erobert und hegten schwerlich die Absicht es bei diesem ersten Erfolg bewenden zu lassen. Doris war das Mutterland vieler Peloponnesier, zumal der Spartaner, die deshalb nicht ruhig dessen Unglück, vielleicht gar dessen Unterjochung, zulassen konnten. So ungelegen es ihnen auch sein mochte, weil sie vollauf mit den empörten Messeniern zu thun hatten und die Haltung des mit Athen verbündeten Argos unzuverlässig war, so zogen sie doch ein Heer von 11 500 Mann zusammen — offenbar, um allen Ereignissen gewachsen zu sein" —

Duncker, nach dem Vorgang Aelterer, verspottet diese, dem Thucydides entnommene, Darstellung als „eine officielle spartanische Relation". Nicht um eines Gebirgsdorfs willen seien die Spartaner gegen Phocis gezogen, sondern um den Einfluß Athens in Böotien zu brechen, Theben an die Spitze eines antiathenischen böotischen Bundes zu stellen und durch diese Diversion die Athener zu zwingen, von der Belagerung Aeginas abzustehen.

„begaben sich damit über den Isthmos"

Nach Duncker konnten sie „nicht daran denken, sich den Weg über den Isthmus mit Gewalt öffnen zu wollen". Sie gingen deshalb von Sikyon aus über das Meer.

„und nöthigten die Phoker zur Herausgabe der Stadt und Niederlegung der Waffen, worauf sie wieder den Rückmarsch antraten".

Nach Duncker war die Hauptthätigkeit des Heeres die stärkere Befestigung Thebens, die Unterwerfung der böotischen Städte unter Thebens Vorherrschaft, Austreibung aller Anhänger Athens. Es war auch noch keineswegs auf dem Rückmarsch als das Nachfolgende eintrat, sondern im Gegentheil es war beschäftigt die Stadt Tanagra für Theben zu gewinnen und von hier aus einen Druck auf Athen auszuüben.

„Da aber zeigte sich, daß die Athener ihnen diesen verlegt hatten, zu Lande auf der Linie Pegä, Geraneia, Megara, und zur See im korinthischen Busen. Die Spartaner werden auf der großen Straße, Koronäa, Theben, Platäae, Eleutherä haben heimkehren wollen und zwar nach der Darstellung des Thukydides und nach der Sachlage im Peloponnes direct ohne Verzug; sie scheinen jedoch von dem Beginnen der Athener so früh unterrichtet worden zu sein, daß sie den Kithäron nicht überschritten, sich nicht in Feindesland begaben, sondern in Böotien stehen blieben. Entweder von Theben aus, oder den Asopos hinab begaben sie sich nach Tanagra, wo sie Stellung nahmen. Diese, dicht an der attischen Grenze befindlich war gut gewählt, weil von ihr zwei Wege nach Athen abzweigten, wovon der eine über Dekeleia sich trefflich zur Offensive eignete, während ihre Defensive sich auf die bedeutendste Stadt des Asoposthales stützte, mit dem Flusse in der Front, der etwaige athenische Angriffe erschwerte. Ein weiterer Vortheil ihrer Stellung war der, daß sie einen Durchmarsch der Phoker nach Attika nördlich vom kopaischen See verhinderte, während südlich Theben die wichtigsten Straßen beherrschte."

Nach Duncker waren auch die Phoker jetzt auf der Seite der Spartaner. In Böotien aber außer Platäae auch noch gerade Thespiä, das die südliche Straße beherrscht, noch auf Seite Athens.

„Die Spartaner scheinen wenige Zeit verweilt zu haben und nun auch den wohl schon früher gestellten Anträgen der Thebaner, ihnen die Hegemonie in Böotien zu verschaffen, näher getreten zu sein, ohne sich jedoch auch jetzt tief in diese ihnen fernerliegenden Dinge einzulassen."

Nach Duncker waren, wie gesagt, grade diese „ihnen fernerliegenden Dinge" der wahre und eigentliche Zweck des Feldzuges der Spartaner.

„Mußte die gefährliche Aufstellung und die Betheiligung der Spartaner an einer Hegemonie und Befestigung Thebens schon für Athen bedenklich sein, so kam noch hinzu, daß sich in der Stadt selber aristokratische Parteigänger befanden, die die Nähe des feindlichen Heeres geeignet fanden, um die Demokratie über den Haufen zu werfen. Die Dinge hatten sich entschieden anders entwickelt, als der leicht bewegliche sanguinische Demos gehofft hatte. Er scheint geglaubt zu haben, die Spartaner würden es auf Forcirung der Geranischen Päſſe ankommen lassen, wobei der Vortheil alsdann in doppelter Weise auf athenischer Seite gewesen wäre: 1. vermöge ihrer festen Stellung und 2. weil ihre Gegner mit ungedecktem Rücken, Attika zu, fechten mußten. Ihr Kriegsplan ist eigentlich nur so verständlich, sie hofften den Spartanern fernere Unterstützungen diesseits des Isthmos zu verleiden. Wohl Beziehungen zu den Phokern, die sich schwerlich ganz allein der Verantwortung eines dorisch-spartanischen Krieges aussetzten, das Bündniß mit den Argivern, denen es gelegen war, für die Spartaner noch einen athenischen zu dem messenischen Kriege zu erregen und die deshalb auch mit 1000 Mann den Athenern zu Hülfe zogen; wohl diese Dinge äußerten auf die Entschließungen der Athener ihre Wirkung, die außerdem von längerer Hand vorbereitet sein müssen, wie ihre bundesgenössischen und thessalischen Hilfstruppen beweisen. Wahrscheinlich schon damals, als die Spartaner ein Heer gegen Phokis zusammenzogen, sind die Athener keine müßigen Zuschauer gewesen, ohne daß sie jedoch genügend schnell eine Armee zu sammeln vermochten, oder schon zum offenen Bruche mit Sparta entschlossen waren. Soweit wir abzusehen vermögen, ist dieses erst während des Zuges geschehen, weil man sonst kaum begreift, weshalb man die Spartaner überhaupt den Isthmos überschreiten ließ. Doch jene etwaigen Pläne der Athener waren an der entschieden besseren Strategik (sic!) des Gegners gescheitert, erst provocirend, waren sie jetzt die bedrohten."

Nach Duncker hatten die Athener den Peloponnesiern thatsächlich den Landweg gesperrt. Er weiß nichts von der künstlichen Provocation der Spartaner durch die Phocier, nichts von der Hoffnung der Athener, die Gegner würden die Geraneia forciren wollen, nichts von athenischen Plänen, die durch bessere Strategie des Feindes vereitelt wurden.

„Eine Verlängerung des gespannten Zustandes konnte ihren Parteigängern in Böotien nur verderblich, konnte den Aristokraten in der Stadt nur dienlich sein. Sie entschlossen sich deshalb, die Spartaner in ihrer selbst gewählten — vielleicht unterdessen befestigten — Stellung aufzusuchen und zur Schlacht zu nöthigen. Wohl unter Myronides zogen sie mit 14000 Mann heran. Der Feind scheint durch thebanisch-böotische Truppen verstärkt (Diodor XI, 81) und deshalb in der Ueberzahl gewesen zu sein. Alles sprach damit zu Gunsten der Spartaner: die Menge, die zuverlässigere Truppe, die bessere Leitung und die Stellung. Was voraus zu sehen war, trat ein, ihnen blieb der Sieg, doch geschah es nur, um alsbald über den Isthmos ab und davon zu ziehen. Perikles hat als Untergebener an dem Kampfe theilgenommen und sich durch persönlichen Muth ausgezeichnet."

Duncker weiß nichts davon, daß die Niederlage „vorauszusehen" war. Er spricht es nur hypothetisch aus, daß die Athener die Angreifer waren. Er nimmt die Berichte an, wonach die Schlacht lange schwankte, sogar zwei Tage dauerte und endlich die thessalischen Reiter, welche während des Gefechtes von den Athenern zum Feinde übergingen, gegen jene den Ausschlag gaben.

„Prüfen wir zunächst, ob die Athener den Zeitpunkt für einen Kampf mit Sparta gut gewählt haben, so müssen wir mit nein antworten, und zwar 1. weil die langen

Mauern noch nicht fertig waren, 2. weil eine spartanisch gesonnene Partei innerhalb Athens lebte, 3. weil die athenischen Streitkräfte zersplittert, schon vor Aegina und in Aegypten beschäftigt waren."

Nach Duncker waren es keineswegs die Athener, sondern die Spartaner, die den Zeitpunkt zum Kriege wählten.

„Wollte man schlagen, so wäre strategisch einzig richtig gewesen, den Spartanern durch Besetzung der Geranischen Pässe den Eintritt in Megaris zu verlegen."

Das ist nach Duncker geschehen.

„Konnte oder wollte man das nicht, und die Spartaner vollführten ohne besondere Schädigung Athens ihr Vorhaben, so hätte man froh sein sollen, sie wieder los zu werden, denn mit deren Heimkehr hatte man wieder freie Hand, wie z. B. später bei dem delphischen Unternehmen. Dadurch hingegen, daß man den Isthmos nachträglich sperrte, führte man gerade das gefährlichste, eine Verbindung der Spartaner mit Theben herbei."

Duncker rechnet es den Athenern gerade zum Ruhme an, daß sie diesen Kampf aufnahmen, obgleich sie gleichzeitig Aegina belagerten und ein großes Heer am Nil hatten. Ihr Beweggrund ist, daß sie sonst Böotien verlieren; die Verbindung der Spartaner mit Theben ist ihm nicht die Folge, sondern die Ursache des Feldzuges.

„Doch angenommen, die Spartaner wären dumm genug gewesen, in die Falle zu gehen und die Geranischen Pässe anzugreifen und die Athener hätten hier oder bei Tanagra gesiegt, so wäre höchst wahrscheinlich ein Krieg mit Sparta und Theben zugleich das Ergebniß gewesen."

Dieser Krieg fand nach Duncker ohnehin statt. Den Satz, daß selbst ein Sieg für die Athener bedeutungslos gewesen wäre, würde Duncker, wenn er die Frage aufgeworfen hätte, nach seinem ganzen Gedankengang ohne Zweifel in das gerade Gegentheil verwandelt haben: daß er nämlich Athen die Herrschaft über Griechenland gegeben haben würde.

„Wurde man aber geschlagen, so hätten die Folgen die denkbar schlimmsten sein können, denn ein unmittelbares Vordringen der Sieger auf Athen und Verrath der dazu fähigen Aristokraten (sic!) hätte die Stadt einer Eroberung preisgegeben."

Eine solche Ausmalung der möglichen schlimmen Folgen einer Niederlage findet sich bei Duncker nicht, wohl deshalb nicht, weil die Athener ja wirklich geschlagen wurden und die Folgen das stricte Gegentheil der Pflugk-Harttung'schen Ausmalung darstellen. Der Passus mag als besonders auffallender Beleg dienen, wieviel Spielraum die Trümmer der Ueberlieferung der freien Phantasie lassen; selbst wo wir einmal ein festes und deutliches Stück in der Hand haben, nämlich daß die Spartaner trotz ihres Sieges schleunigst abzogen, hindert das nicht, daß ein Gelehrter sein Räsonnement aufbaut auf die Voraussetzung, sie hätten auch die feindliche Hauptstadt erobern nnd den feindlichen Staat mit einem Schlage vernichten können.

„Und selbst hiervon abgesehen, wäre der endgültige Vortheil ungefähr derselbe gewesen, den der freiwillige Abzug der Spartaner schon gewährte. Im besten Falle war der Erfolg ein zweifelhafter, während der Verlust entscheidend sein konnte, man wagte mithin mehr als man gewinnen konnte",

In Dunckers Sinn würde man hier wieder einwenden dürfen: ganz im Gegentheil: man wagte zwar viel (wie der Erfolg gelehrt hat, auch das nicht einmal), sah aber auch den höchsten aller Siegespreise winken.

„und als später mit dem zweiten heiligen Kriege eine ähnliche Sachlage eintrat, verhielt sich Athen wesentlich anders, wohl der beste Beweis, daß man das frühere Vorgehen als verfehlt angesehen hat."

Umgekehrt macht Duncker den Athenern den höchsten Vorwurf daraus, daß sie dies zweite Mal mit so viel geringerer Entschlossenheit handelten, als in dem Feldzug von Tanagra.

„Der Demos, erregbar wie er war, verstand eben nicht zu warten und war nur zu geneigt, sich keck auf die verschiedensten Dinge einzulassen.

Bei der Stellung, welche Perikles damals einnahm, durch den verbannten Kimon im Einflusse nicht gehemmt, bei seiner ganzen antispartanischen Richtung ist anzunehmen, daß er ein, wenn nicht der Haupturheber der Sperrung der Pässe gewesen. Wenn dies der Fall, so stünde er da als militärischer Dilettant, bezw. als Sanguiniker, der spartanische Führer dagegen als guter General."

Durchaus nichts von solchem Tadel findet sich bei Duncker. Die Athener handeln so richtig wie kühn und entschlossen. Aber nicht Perikles ist nach Duncker damals der Leiter der athenischen Politik, sondern Ephialtes. Wer weiß, ob nicht Pflugk-Harttung, wenn er rechtzeitig auf diesen klugen Ausweg verfallen wäre, auch die Dinge mit etwas günstigeren Augen angesehen hätte: für uns genügt, daß das Quellenmaterial thatsächlich beide Bilder möglich gemacht hat. Hier: ausgezeichnet, aber nicht Perikles, sondern Ephialtes war damals der Mann an der Spitze; dort: ganz verfehlt und zwar durch die Schuld des Mannes an der Spitze, des Perikles.

„Eng an die Schlacht bei Tanagra schließt sich der Neuaufschwung der athenischen Macht zu Lande bei Oenophyta, zur See bei Aegina und im korinthischen Busen."

Bei Duncker schließt sich dieser Aufschwung keineswegs an die Schlacht von Tanagra an, sondern geht zum Theil schon voraus, so daß Tanagra in der unausgesetzt aufsteigenden Linie nur als ein schnell überwundener Zwischenfall erscheint.

„Hier war es Tolmides, der sie mit 50 Schiffen zur Geltung brachte, Plätze eroberte und auf beiden Uferseiten Verbündete gewann. Zur Deckung und Weiterführung dieses Unternehmens scheint die Stationirung der Flotte in Pagai gedient zu haben, also in gefährlichster Nähe von Korinth. Wenigstens wird uns berichtet, wie bald darauf von dort aus Perikles abgefahren sei, ebenfalls mit 50 Schiffen [Duncker nach anderer Quelle: 100], welche mit 1000 Mann besetzt waren. Er zog gegen Sikyon, schlug die ihm entgegentretenden Sikyonier, ohne aber etwas gegen die Stadt selber ausrichten zu können. Als dann auch die Lakedämonier den Belagerten Hülfe sandten, verließ Perikles den Peloponnes und begab sich, von Achäern unterstützt, nach Akarnanien, wo er Oeniadä vergeblich belagerte und nach Verwüstung der Küste wieder zurückkehrte. Damit bestand also das Ergebniß des mit bedeutenden Mitteln unternommenen Vorstoßes aus wenig mehr als einem Siegeszeichen wegen des Erfolges über die Sikyonier, der mitgebrachten Beute und dem Gefühl der Unsicherheit der Gegner Athens in jenen Gegenden; Ergebnisse, welche weit gegen diejenigen zurückstehen, die Tolmides kurz zuvor errungen hatte: von ihm waren nämlich die lakedämonischen Häfen Methone und Gythion verbrannt, Chalkis erobert, die Sikyonier geschlagen und wahrscheinlich auch Zakynthos, Kephalenia und einige achaeische Städte dem athenischen Bündnisse zugewandt worden. Wir sehen hieraus, das ganze Verfahren des Tolmides ist ein anderes gewesen, er hat fest angepackt, während Perikles mehr herumtastete und sich nirgends recht ernstlich einließ. Sehr bezeichnend ist deshalb auch das abschließende Lob des Plutarch, daß die Perikleischen Krieger nicht einmal durch Zufall Schädigung erlitten hätten; ein Lob, welches erst verständlich werden dürfte, wenn man diesen Feldzug mit dem unmittelbar vorausgegangenen völlig mißglückten thessalischen vergleicht, ob er darum aber dem Kraftaufwande und den Kosten entsprach und ob sich bei sicherer Führung nicht mehr hätte erreichen lassen, sind andere Fragen."

Nach Duncker war es nicht Tolmides, sondern Perikles, der die Achäer auf die Seite Athens brachte. Er siedelte außerdem die Messenier in Naupaktus an, was Pflugk-Harttung nicht erwähnt. Duncker ist zwar nicht ganz zufrieden, daß Perikles sich nicht lieber nach Messenien gewandt habe, spricht aber doch im Ganzen mit der höchsten Anerkennung von seiner Thätigkeit. Er scheint ihm sogar hinter dem hochgerühmten Ephialtes nicht zurückgeblieben und aus Plutarch citirt er nicht bloß den Satz, den Pflugk-Harttung wiedergiebt, sondern auch den dazugehörigen voraufgehenden, Perikles habe sich in diesem Oberbefehl den Feinden furchtbar, den Athenern thatkräftig und umsichtig erwiesen.

Wir haben den Vergleich der Duncker'schen und Pflugk-Harttung'schen Darstellung in einem längeren Abschnitt durchgeführt, um eine recht lebhafte Empfindung von der Unsicherheit unserer thatsächlichen Nachrichten hervorzubringen. Sollte etwa Jemand meinen, ich hätte ein zweites parodistisches Capitel, etwa über die Zuverlässigkeit der historischen Methode geschrieben, so erkläre ich feierlich, daß mir solche Absicht durchaus fern gelegen hat. Ich beabsichtigte nichts, als den Zustand unseres Quellen-Materials zu verdeutlichen. Hierauf begründen wir nun die weitere Anordnung unserer Untersuchung. Wir dürfen nicht chronologisch verfahren, wo wir zunächst mit ganz unsichern Daten zu operiren haben würden, sondern müssen beginnen bei dem Punkt, über den wir die zuverlässigste Information haben, das ist des Perikles Kriegsplan für den peloponnesischen Krieg. Hier ist man wenigstens über den Thatbestand allerseits einig. So gewinnen wir einen festen Mittelpunkt, um den sich dann das Uebrige sicherer gruppirt.

6. Der Kriegsplan des Perikles.

Das Ziel des peloponnesischen Krieges mußte nach Duncker sein, Athen „zur Obmacht über Sparta und an die Spitze des gesammten Hellas zu bringen" (S. 419). Wäre dieser Satz richtig, so hätte Athen unzweifelhaft keine andere als die Niederwerfungs-Strategie annehmen dürfen. Unmöglich konnte durch bloße Ermattung das gesammte Hellas je zur Unterwerfung gebracht werden können. Athen hätte in großen Schlachten und zwar Landschlachten die feindlichen Streitkräfte physisch und moralisch so herabbringen müssen, daß sie keinen Widerstand mehr leisten konnten. Auch das hätte noch nicht genügt. In dem Augenblick, wo, wenn es denn gelang, Athen sich jenem Ziel genähert hätte, würden unzweifelhaft auch die bisher neutralen Staaten, Argos und Achaja, den Unterliegenden beigesprungen sein. Ja auch die Selbstständigeren der athenischen Verbündeten, wie die Akarnanier würden in solcher Lage vermuthlich zum Feinde übergegangen sein. Denn auch sie wünschten keineswegs direct unter die athenische Herrschaft zu kommen. Wie sehr sie sich der eventuell von dieser Seite drohenden Gefahren bewußt waren, zeigt, daß sie auf die Occupation der Stadt Ambrakia, ihrer alten Feindin, verzichteten, als sie sie leicht hätten haben können, weil sie meinten, daß die verbündeten Athener ihnen doch noch unbequemere Nachbarn werden könnten, als bisher die Ambrakioten. Es ist deshalb garnicht denkbar, daß Athen mit seinem geringen Kern an eigener Macht Hellas sich etwa so hätte einverleiben können, wie Rom in jahrhundertelangem Kampf Italien. Wir wissen von keinem athenischen Staatsmann, der je einen solchen Gedanken gehegt hätte. Duncker selbst nimmt an, daß die Athener an Landmacht ihren Gegnern bei Weitem nicht gewachsen gewesen seien — wie in aller Welt, sollten sie denn diese nicht etwa bloß in einzelnen Schlachten überwinden, sondern so niederwerfen und niederhalten, daß die stolzen Rivalen sich definitiv Athen unterordneten? Es ist ein völliger Ungedanke, etwa wie wenn man von Friedrich dem Großen verlangen wollte, er hätte den Siebenjährigen Krieg benutzen sollen, ein einiges deutsches Reich unter preußischer Führung zu schaffen.

Wenn also die Unterwerfung von ganz Hellas das Ziel Athens nicht war und nicht sein durfte, so müssen wir, ehe wir an die Besprechung des Kriegsplanes gehen, feststellen, welches denn nun dieses Ziel war. Denn es ist nach Clausewitz (6. Kap. d. 8. Buches) „eine unzulässige und selbst schädliche Unterscheidung, daß ein großes kriegerisches Ereigniß oder der Plan zu einem solchen eine rein militärische Beurtheilung zulassen soll; ja es ist ein widersinniges Verfahren, bei Kriegsentwürfen Militärs zu Rathe zu ziehen, damit sie rein militärisch darüber urtheilen sollen, was die Kabinette zu thun haben; aber noch widersinniger ist das Verlangen der Theoretiker, daß die vorhandenen Kriegsmittel dem Feldherrn überwiesen werden sollen, um danach einen rein militärischen Entwurf zum Kriege oder Feldzuge zu machen".

Das Ziel des Krieges war für Athen kein anderes, als die Erhaltung und Anerkennung seiner Seeherrschaft. Wenn der peloponnesisch-böotische Bund in vergeblichem Ringen und empfindlichen Rückschlägen sich überzeugt hatte, daß er nicht im Stande sei, die athenische Stellung zu erschüttern und Frieden anbot unter Bedingungen, die eine gewisse Bürgschaft der Dauer in sich trugen, dann war der Zweck Athens erreicht. Es ist eine Situation analog derjenigen Preußens im Siebenjährigen Krieg. Allen Gewalten zum Trotz sich erhalten — damit war die Aufgabe der Epoche erfüllt. Eine unbedingte Bürgschaft dauernden Friedens giebt ein solcher Kriegesabschluß nicht. Eine solche Bürgschaft giebt überhaupt nur die völlige Unterjochung des Gegners. Wo diese nicht zu erreichen, nicht einmal anzustreben ist, besteht die Kunst des Staatsmanns allein darin, ein möglichst für Alle erträgliches Machtgewichts-Verhältniß zu schaffen und zu erhalten. Die Spartaner, Korinther, Megarer, Thebaner wollten das Uebergewicht Athens brechen. Athen wollte sie lehren, daß sie das nicht vermöchten. Wie groß würde der athenische Staatsmann dastehen, dem das gelang, und der Athen nur noch einmal drei solche Olympiaden verschafft hätte, wie von 444 bis 432! Athen hätte in dieser Zeit gerüstet bleiben müssen wie vorher, vielleicht seine Rüstungen noch verstärken und sich auf früheren oder späteren Neuausbruch des Krieges gefaßt machen. Dadurch wird ein blühendes Culturleben nicht verhindert. In diesem Zustand lebt Europa seit mehreren hundert Jahren. Wo die völlige Vernichtung des Gegners einmal nicht möglich ist, da ist eine Periode stolzen Waffenstillstandes das einzig erstrebbare Ziel. Die Analogie mit dem Frankfurter Frieden und unseren heutigen Verhältnissen liegt auf der Hand.

Aus dieser Fassung des politischen Zweckes des Krieges ergiebt sich nun ein positiver Richtpunkt für die einzuhaltende Strategie noch nicht. Denn sowohl mit Niederwerfungs- wie mit Ermattungs-Strategie vermag man zu einem solchen Ziel zu gelangen. Einige große Landsiege hätten die Athener am allerschnellsten in die Lage versetzt, den gewünschten Frieden zu erhalten. Aber auch die Ermattungs-Strategie ist offenbar nicht ausgeschlossen. Diese ist es, die Perikles gewählt hat. Er empfahl den Athenern drei negative Grundregeln: keine große Landschlacht zu wagen, das platte Land von Attika nicht zu vertheidigen, keine weiteren Erwerbungen während des Krieges zu machen; positiv aber, den Krieg mit der Flotte zu führen, den Feind durch Einfälle in sein Gebiet von der Küste aus zu schädigen und die Gelegenheiten im Kriege wahrzunehmen*). Von vorn herein steht fest, daß eine solche Strategie in Ansehung des Zweckes des Krieges nicht ausgeschlossen war. Unsere Untersuchung schreitet fort zu der Frage, ob sie auch die nothwendige war.

Am sichersten würden wir gehen, wenn es möglich wäre, das Maximum der auf beiden Seiten verfügbaren Streitkräfte festzustellen. Pflugk-Harttung hat das versucht und ist zu dem Schluß gekommen, daß Athen bis zu

---

*) Das liegt in dem „τοῦ πολέμου οἱ καιροὶ οὐ μενετοί“ Thuc. I, 142 im Zusammenhang mit dem vorhergehenden Capitel.

200 000 Mann aufstellen konnte und damit auch zu Lande den Gegnern gewachsen war. Die Zahl ist nicht nur falsch, sondern auch absurd. Den Fehler in der Berechnung (doppeltes Zählen der Bundesgenossen) hat Pöhlmann aufgedeckt*); wegen der Absurdität darf man nicht zu strenge ins Gericht gehen. Der Zahlensinn ist von der modernen Kritik noch fast garnicht ausgebildet; die Wissenschaft hilft ja noch immer den Griechen die Perserheere von Hunderttausenden, wenn nicht Millionen Kriegern zu erschlagen. Wie hoch nun aber die athenische Heeresmacht im äußersten Fall wirklich gebracht werden konnte, das läßt sich ebenso wenig mit Sicherheit bestimmen wie die Zahl ihrer Gegner. Zwei wichtige Zahlen sind allerdings überliefert. Die Peloponnesier sollen mit 60 000 Mann, was ²/₃ ihrer Gesammtmacht war, in Attika eingefallen sein und die Athener sollen ein Feldheer von 13 000 Hopliten, 1600 Bognern und 1200 Reitern gehabt haben. Die erste Zahl aber, wenn auch kein directer Grund vorliegt sie zu bezweifeln, ist doch auch keineswegs wirklich beglaubigt — Zahlen Plutarchs geben niemals ein unanfechtbares Zeugniß —; die Angaben über die athenische Streitkraft, Thucydides entstammend, sind gewiß richtig, aber so außerordentlich verschieden ausgelegt**),

*) Hist. Zeitsch. Bd. 55 S. 272. Pflugk-Harttung hat sich dagegen in Münch. Allg. Zeit. 1886 Nr. 206 zu vertheidigen gesucht, aber nichts Positives zur Widerlegung Pöhlmanns beigebracht. Vgl. dazu jetzt auch Ad. Bauer im Jahresber. f. Alterthumswissensch. 60. Bd. (1889. III) S. 124, der mir erst während der Correctur zugegangen ist. Bauer weist darauf hin, daß Harttung auch die Rudersklaven als Krieger mitzählt.

**) Ich habe sie eingehend behandelt in meinen „Perser- und Burgunderkriegen" S. 309.

daß wir doch eigentlich nur wenig daraus entnehmen können. Wie verhalten sich die Theten und Kleruchen zu diesen Zahlen? Wie viel darf ihnen aus Metöken, Söldnern und Bundesgenossen noch zugesetzt werden? Es ist fast verlorene Mühe, alle diese Lücken mit Muthmaßungen und Schätzungen auszufüllen zu wollen. Nur so viel ist klar, daß was man auch ab- oder zuzählen mag, die Zahlen 13000 + 1600 + 1200 als eine Art Werth-Mittelpunkt stehen bleiben müssen. Wären die Athener z. B. im Stande gewesen unter Anspannung aller Kräfte 50000 Mann in's Feld zu stellen, so hätte Thucydides den Perikles unmöglich von 15800 sprechen lassen können, indem er den Athenern die Größe ihrer Macht vor die Augen stellen wollte. Auch die an sich richtige Zahl würde in diesem Fall ein falsches Bild gegeben haben, gegen das die Empfindung jedes Hörers reagirt hätte. „Unser Staat ist sehr mächtig; wir können 15800 Mann in's Feld stellen" — thut seine Wirkung, wenn der Hörer dazu bei sich denkt „und noch einige Tausend Mann Bundesgenossen und Söldner mehr." Es verfehlt aber seine Wirkung, wenn er denken muß: „das wäre auch recht was: wir können ja thatsächlich mehr als das Dreifache aufstellen". Wer es bezweifelt, daß große Abweichungen auch nach der günstigen Seite eine solche Wirkung hervorbringen, den bitte ich einmal eine Volks-Versammlung oder ein Parlament bei ähnlicher Gelegenheit zu beobachten.

Ihre Bündner konnten die Athener immer nur in sehr geringem Maße zu Kriegsdiensten heranziehen*). Darauf

---

*) Duncker macht gelegentlich die Annahme, daß die Bündner immer ebenso viel zu stellen pflegten, wie die Athener selbst. Bezeugt

beruhte das gegenseitige Verhältniß. So wenig Friedrich der Große die allgemeine Wehrpflicht einführen konnte, so wenig konnten die Athener, etwa nach Art der Römer, ihren Bundesgenossen eine ausgedehnte, persönliche Kriegspflicht auferlegen. Dazu war ihre Herrschaft eine viel zu lose; entsprungen nicht aus einer endlich als unvermeidliches Schicksal nach furchtbarem Ringen hingenommenen Waffenentscheidung, sondern aus freiem Vertrag und kluger, hier und da durch Gewalt unterstützter, diplomatischer Umwandelung; erträglich für die Bundesgenossen, so lange sie nur zu zahlen hatten und dafür in Frieden Handel und Wandel nachgingen; zur Explosion aber treibend, sobald für athenisches Interesse eigene kriegerische Anspannung eingesetzt werden sollte. Nur in sehr geringem Maße konnten daher und haben thatsächlich die athenischen Bundesgenossen, vermuthlich meist durch Söldner, directe Kriegsleistungen übernommen. Pflugk-Harttung*) gebraucht einmal die Wendung „nicht Attika, sondern der athenische Bund führte Krieg". Ich möchte diesen Satz nahezu umkehren: allein Athen führte den Krieg und zwar um seine „Tyrannis" über den Bund aufrecht zu erhalten. Die sogenannten Bundesgenossen (mit den bekannten Ausnahmen) führten nicht den Krieg, sondern lieferten nur Athen die Mittel dazu. Ueberspannte Athen seine Forderungen an sie, verlangte es etwa gar, daß sie, wie es die Peloponnesier und Böotier thaten, in Masse ausrückten, um vielleicht fern von der Heimath,

---

ist das nicht und ich zweifle nicht, daß schon diese Leistung bei Weitem nicht erreicht ist.

*) Zeitschr. f. österreich. Gymn.-Wesen 1887. 4. H. S. 244.

Schlachten zu schlagen, so war nicht blos passiver, sondern sicher bald auch einmüthiger activer Widerstand die voraus-zusehende Folge. Durch die Mobilisirung selbst hätte man ihnen ja die Waffen in die Hand gegeben und das Gefühl der Kraft geweckt.

Ich möchte deshalb — mit allem Vorbehalt — die Vermuthung aussprechen, daß einige 20000 Mann das Höchste waren, was die Athener activ in's Feld stellen konnten. Darunter verstehe ich die gesammte felddienstfähige Mannschaft Athens, eingeschlossen die Bürger auf der Flotte, Metöken, die nächsten Kleruchien, Söldner und Bundesgenossen, so weit letztere für eine Land-Campagne in Griechenland verwendbar waren. Da hiervon wieder die nothwendigste Flottenbesatzung in Abzug zu bringen ist, so würden für eine Feldschlacht an den Grenzen Attikas nach meiner Rechnung die Athener höchstens 20000 Mann in Reih' und Glied haben stellen können. Andere Forscher nehmen aber erheblich höhere Zahlen an.

Die Gegner Athens sollen mit 60000 Mann in Attika eingefallen sein. Die Zahl erscheint mir, wie auch schon Anderen, reichlich hoch. 60000 Krieger würden mit dem Troß gewiß gegen 100000 Menschen, vielleicht noch mehr ausmachen, eine Masse, die sich kaum mehr auf einer Straße bewegen kann und nur sehr schwer zu verpflegen ist. Im vorigen Jahrhundert wurde von den militärischen Theoretikern die Lehre ausgebildet, daß ein Normal-Heer 40000 Mann stark sein solle und nicht mehr, da eine größere Zahl durch Unbeweglichkeit und Verpflegungsschwierigkeit mehr Nachtheil als Vortheil bringe. Nur 12 Tage dauerte 1476 der Feldzug von Murten vom Beginn der Belagerung bis zur Schlacht; das eidgenössische Heer sammelte sich nur etwa $2\frac{1}{2}$ Meilen von Bern und wuchs allmählich auf etwa 25000 Mann. Aber kaum ist das Heer zusammen, so drängt der Berner Rath die „Herren im Feld" zur Schlacht, denn „es sey kum moglich, die Lut in die Har zu spißen". (Rathsprotokoll vom 21. Juni 1476.) Friedrich hielt es für unmöglich im April 1757 aus dem reichen Sachsen in das bevölkerte, fruchtbare Böhmen einbrechend für seine 58000 Mann so viel Vorräthe mitzuschleppen, um auch nur einige Wochen davon zu leben; erst die Erbeutung der feindlichen Magazine gab seiner Offensive das nöthige Rückgrat. Das Heer des Xerxes habe ich, um diese Zahl hier des Vergleichs halber zu erwähnen, geglaubt auf höchstens 45—55000 Combattanten anschlagen zu dürfen.

Es giebt aber auch einige Momente, welche ein peloponnesisch-böotisches Heer von 60000 Mann wohl vermuthen lassen.

Thucydides sagt, daß zur Invasion in Attika zwei Drittel der Streitmacht jedes Staates aufgeboten seien; das würde also auf eine Gesammt-Leistungsfähigkeit des Bundes von 90000 Mann führen und diese Zahl steht in ganz gutem Verhältniß zu der Annahme, daß die Athener aus eigenen Kräften 15800 und mit den Metöken etwa 19000 Mann stellen konnten. Böotien allein wird annähernd ebensoviel haben stellen können, wie Attika*). Auf Sparta mit Arkadien, Elis, Korinth, Sikyon, Phlius, Epidaurus,

*) Duncker S. 415.

Trözen, Hermione, Halieis, Megara wird man das Zwei- bis Dreifache, also 50—60 000 Mann rechnen dürfen. Dazu dann noch die Phocier und Lokrer. Die Angabe des Thucydides würde also wirklich auf die Annahme eines Invasionsheeres von 50—60 000 Mann führen, wenn die Staaten immer ihre Zweidrittel voll gestellt haben. Auch in dieser Rechnung sind aber eine ganze Reihe unsicherer Factoren, namentlich daß wir für die factische Ausdehnung der Dienstpflicht auf die unteren Bevölkerungsklassen keinen Anhalt haben. Nicht einmal in Athen sind wir darüber sicher, geschweige bei den Anderen*).

---

*) Duncker will das Invasionsheer auf etwa 40 000 Hopliten schätzen (IX, 425).

Egelhaaf hat die athenische gesammte Feldmacht auf 29 000, die der Gegner auf 126 000 berechnen wollen. Pflugk-Harttung (Zeitschr. für österr. Gymnas.-Wesen 1887 S. 244) hat dagegen eingewandt, daß es bei solchem Kräfteverhältniß eine Hirnverbranntheit von Athen gewesen wäre, den Krieg herbeizuführen. Ich halte die Berechnung Egelhaafs weder in ihren Grundlagen noch in ihren Resultaten für richtig — aber wenn sie richtig wäre, so brauchte man Pflugk-Harttungs Folgerung darum doch noch nicht zuzugeben. Sie wäre richtig, wenn Athen in dem Kriege den positiven Zweck den Gegner zu unterwerfen gehabt hätte; es hatte aber nur den negativen Zweck den Gegner abzuwehren und ihm den Angriff zu verleiden. Das war auch bei enormem Mißverhältniß der Landstreitkräfte möglich: wenn nämlich die Athener im Stande waren Land-Entscheidungen auszuweichen und mit ihrer Waffe, der Flotte, den Gegner empfindlicher zu schädigen als er sie.

Herbst im Philologus Bd. 38 S. 539 schätzt das Invasionsheer nur auf 35 800 Hopliten. Auch das ist möglicherweise richtig. Gegen Herbsts Art der Berechnung aber habe ich viel einzuwenden. Er legt die Herodotischen Zahlen über Plataä zu Grunde. Erstens aber haben diese Zahlen keinen Anspruch auf Zuverlässigkeit. Zweitens focht gleichzeitig ein Heer bei Mykale. Drittens kann in fünfzig Jahren die Be-

Wir verzichten also auf eine sichere Feststellung der absoluten Zahlen. Die Hauptsache aber wissen wir darum doch. Wir wissen, daß die Staaten der spartanischen Symmachie die persönliche Dienstpflicht annähernd ähnlich anspannten, wie die Athener selbst*), diese aber ihre Bündner nur in sehr geringem Maße heranzogen. Daraus folgt unmittelbar, daß jene eine sehr große numerische Ueberlegenheit gehabt haben müssen. Diese Relation, nicht die absoluten Zahlen sind hier das entscheidende.

Auch Duncker (S. 415) erkennt ausdrücklich an, daß die spartanische Symmachie an Landmacht Athen sehr erheblich überlegen gewesen sei. Auf der Flotte ersetzten die Athener den Mangel an Kriegern durch Ruderer, die nur Sklaven zu sein brauchten. Hier halfen ihnen die Tribute ihrer Bundesgenossen. Sklaven aber sind keine Hopliten.

Ich rekapitulire: Pflugk-Harttungs Ansicht, daß die Athener im Stande gewesen seien, ihren Gegnern zu Lande mit annähernd gleichen Kräften entgegenzutreten, ist weder von Duncker noch von irgend einem anderen Forscher angenommen worden und steht mit offenbaren thatsächlichen Verhältnissen in Widerspruch. Es ist also an der älteren Ansicht festzuhalten, daß die spartanische Symmachie eine, wenn auch nicht zahlenmäßig festzustellende, doch sehr erhebliche Ueberlegenheit über die Athener zu Lande besaß. Damit ist die Niederwerfungs-Strategie für die Athener verboten. So wenig Friedrich der Große seine Feldzugspläne jemals

---

völkerung ebensowohl zurückgehen als sich verdoppeln und verdreifachen.

*) Thucyd. I, 141.

anlegen durfte auf einen Marsch nach Wien, so wenig Perikles auf eine Eroberung von Theben, Korinth und Sparta oder auch nur auf eine der drei Städte. Die Niederwerfungs-Strategie setzt, wie Caemmerer*) sagt „in irgend einer Weise eine wirkliche und zwar bedeutende Ueberlegenheit voraus, sei es der Zahl, der Bewaffnung, der Organisation oder der Qualität an Führung und Truppen". Kein Epaminondas, Alexander, Cäsar hätte so wenig wie ein Friedrich oder Perikles das Mißverhältniß der Zahl der beiderseitigen Krieger bloß durch seine Person auszugleichen vermocht.

Doppelpolige Strategie war also das für Athen gebotene System.

Das scheint zunächst eine rein doctrinäre Unterscheidung. Denn doppelpolige Strategie kann ebensowohl mit der Kühnheit und Energie eines Friedrich wie mit dem Kleinmuth und der Unbehülflichkeit eines Daun betrieben werden. Auch große Landschlachten sind selbst unter den Verhältnissen des peloponnesischen Krieges durch das strategische System noch keineswegs ausgeschlossen. Trotzdem haben wir mit der Feststellung der „Art der Strategie" ein Moment von der größten Wichtigkeit gewonnen: das ist die psychologische Reaction, welche erfahrungsmäßig das System der doppelpoligen Strategie auf den Feldherrn ausübt. Es ist für das richtige Urtheil nicht weniger als das Pendel an der Wanduhr: nimmt man das Pendel heraus, so wird die Uhr toll und geht durch. Wir haben es an unserem Kapitel über Friedrich den Großen gesehen: auf keine andere Weise

*) Friedrichs d. Großen Feldzugsplan f. d. Jahr 1757. S. 32.

als durch das Einhängen jenes Pendels ist aus der Parodie zur Wahrheit zurückzugelangen. Um dieses Werthurtheiles, wenn man will um dieses einen Satzes willen habe ich die ganze friedericianische Analogie in unsere Untersuchung eingeführt. Wer sich nicht erst an einem Beispiel, wo wir vermöge unserer vollständigeren Information klar sehen, die ganze Wucht des Gedankens der doppelpoligen Strategie klar gemacht hat, dem wird es schwer gelingen, für eine so unsicher überlieferte Zeit und Persönlichkeit, wie die Perikleische, zu einer richtigen Werthschätzung der Erscheinungen zu gelangen.

Mit dem so gewonnenen theoretischen Maßstab in der Hand betrachten wir nunmehr zunächst die Forderungen, die die neueren Forscher an die Perikleische Strategie gestellt haben und die sie nicht erfüllt hat.

Duncker kennt vier verschiedene Operationen, zwischen denen nach seiner Meinung Perikles die Wahl gehabt hätte und von denen er eine oder die andere als entschlossener Feldherr nothwendig hätte ausführen müssen.

Die Athener hätten auf die erste Kunde von dem Friedensbruch der Thebaner in raschem Zuge die Stadt Megara einschließen, die Pässe des Geraneia-Gebirges besetzen und befestigen müssen. „Mauern zogen den hellenischen Heeren fast unüberwindliche Schranken. Sicherte Athen damit seine Hauptfront nach Süden, so mußte es andererseits den Kithäron und den Parnes gegen die Böotier sperren. Platää und die Kette der attischen Kastelle Eleutherä, Oenoë, Panakton, Phyle, Aphidna, Oropos, Rhamnus, gaben der attischen Vertheidigung hier ausreichende Stützpunkte. Wagte Athen das Vorgehen zur Geraneia nicht, gab man den großen Vortheil dieser Schutzmauer freiwillig aus der Hand, die Linie der Kerataberge und des Ikarion von Eleusis nach Aegosthenä hinüber maß nicht mehr als vier deutsche Meilen, sie war nicht länger als die Mauerlinien der Stadt und des Peiraeeus, und gab, gut befestigt, eine stattliche Defensivposition, welche die Vereinigung der Feinde von Süden und Norden her vereitelte und Attika nach dieser Seite auch gegen überlegene Streitkräfte deckte".

Angenommen die Athener hätten diesen Plan befolgen können, so hätten sie damit das passivste aller Kriegssysteme angenommen. Sie hätten ihre ganze Streitkraft verbraucht, die Landesgrenzen zu decken. Auch auf der zweiten, engeren Linie ist es, wohl verstanden, nur der eine Flügel des Cordons, der vier Meilen lang ist, der andere ist doppelt so lang. Eine zwölf Meilen lange Grenze zu decken, dazu gehört eine Armee, für die Offensive wäre nichts übrig geblieben. Die Grenz-Armee aber hätte Jahr aus Jahr ein auf ihrem Posten bleiben müssen. Der Feind sind die Bürgeraufgebote der unmittelbaren Nachbargebiete. Sie können zu Hause bleiben und ihrem Erwerb nachgehen und dennoch plötzlich an jedem einzelnen Punkt des Cordons mit einer sehr bedeutenden Macht erscheinen. Binnen wenigen Tagen kann, wenn durch solchen Ueberfall einmal ein Thor geschaffen ist, eine Armee stärker als die ganze Besatzung des Cordons nachfolgen. Die Peloponnesier aber hätten sich diese Mühe garnicht zu geben brauchen. Sie hätten die Athener nur einige Jahre lang auf ihrem Posten stehen zu lassen und zuweilen durch einige Demonstrationen in

Athem zu halten brauchen, um sie wirthschaftlich zu ruiniren. Denn die Masse des athenischen Heeres bestand aus Bürgern, die wohl auf Wochen, aber nicht auf Jahre dem bürgerlichen Erwerbsleben entzogen werden konnten. Demosthenes hat zwei Generationen später den Athenern vorgerechnet, daß wenn ein athenisches Heer nur 30 Tage im Lande selbst ein Lager beziehe und von dorther seine Verpflegung nehme, ohne daß der Feind im Lande stehe, dadurch das Landvolk einen größeren Verlust erleide, als die gesammten Kosten eines Krieges gegen Philipp betrügen*).

Aber angenommen, das Alles wäre nicht so; angenommen, die Athener hätten ihre Linien so befestigt, daß sie, sagen wir mit der Hälfte oder selbst einem Viertel ihrer Streitmacht zur Besatzung ausgekommen wären, daß sie wirthschaftlich die Erhaltung eines solchen stehenden Heeres hätten ertragen können — wie oft sind in der Weltgeschichte solche Linien mit Glück vertheidigt worden? Ich will noch nicht einmal das Beiwort „berüchtigt" gebrauchen, mit dem moderne Militärschriftsteller Cordon-Aufstellungen und Linien zu belegen pflegen. Es hat Fälle gegeben, wo sie doch mit Glück angewendet worden sind. Ich nenne namentlich die Aufstellung der Oesterreicher im Jahre 1778, wo Friedrich der Große Monate lang vor der 8 Meilen langen Linie von Hohenmauth bis Josephstadt lag, ohne sie anzugreifen und endlich umkehrte. Aber in dieser Linie steckten 100 000 Mann. Wo sonst „Cordon"- oder „Linien"-Stellungen glücklich behauptet worden sind, ist es wohl immer nur ge-

---

*) Citirt bei Gilbert, Beiträge zur inneren Geschichte Athens S. 99.

schehen, wenn der Gegner aus irgend einem Grunde keine Neigung zu einer großen Entscheidung hatte. Man lese, was Clausewitz (12. Cap. d. 6. Buches), was Blume (Strategie S. 220), was auch Bernhardi an vielen Stellen seiner Werke durchaus treffend über dieses System der Vertheidigung sagen. „Ich erinnere hierbey, sagt Friedrich in den „Generalprincipien" (27. Articul), daß man sich niemahls auf die Berge verlassen, sondern sich des Sprichwortes erinnern muß, nach welchem der Soldat passiren kann, wo eine Ziege passiret". Gelingt es dem Feind an einem einzigen Punkt einen Posten zu überrumpeln oder zu umgehen und die Aufstellung zu durchbrechen, so ist er im Rücken aller anderen Posten, ehe sie es bemerken und kann sie abschneiden. Kamen die Böotier an irgend einem Punkte über den Kithäron, so war die athenische Besatzung der Geraneia verloren. Selbst zur See mit den Schiffen von Korinth und Sikyon hätten die Athener umgangen werden können, wenn sie nicht eine sehr starke Flotte dauernd unmittelbar vor den feindlichen Häfen postirten. Die zweite, kürzere Linie über Aegosthenä ist dieser letzteren Gefahr nicht mehr ausgesetzt, dafür aber von so viel geringerer natürlicher Stärke und wie schon gesagt, immer noch im Ganzen 12 Meilen lang. Wenn je, so hat hier der Satz gegolten, „wer Alles decken will, deckt Nichts". Perikles hat das gewußt, Duncker und Pflugk-Harttung anscheinend nicht*).

---

*) Daß die Athener vor der Schlacht von Tanagra (458) den Spartanern thatsächlich die Geraneia, wie wenigstens zu vermuthen, gesperrt haben, beweist natürlich nichts gegen die obige Ausführung. Der Feldzug war nicht direct gegen Athen gerichtet, das aufgebotene

Der zweite Vorschlag Dunckers ist, daß die Athener, ehe die Peloponnesier zur Stelle waren, Böotien angriffen. „Mit allem, was irgend zur Hand, mußte Böotien überfluthet, die Freiheit der böotischen Städte proclamirt, die verbündeten Thessaler aufgefordert werden von Norden her einzubrechen .... Mit seiner Gesammtmacht, den Rüstigen aus allen Altersklassen, und den Rittern ausrückend, konnte Athen mit doppelter Zahl der Streiter überraschend erscheinen, was von den Gegnern gesammelt war, auf Theben zurückwerfen, in den böotischen Städten die Parteigänger Athens, die Gegner Thebens wieder zur Regierung bringen .... Jetzt hatte es Athen in der Hand, mit Einem raschen Schlage den böotischen, d. h. den thebanischen Bund zu sprengen und wenn nicht sich des starken Gegners im Norden vollständig zu entledigen, doch seine Kraft zu brechen."

Dieser Vorschlag hat eine deutliche Aehnlichkeit mit dem Verlangen, Friedrich der Große habe im Jahre 1756 Oesterreich niederwerfen sollen, ehe die Russen und Franzosen auf den Platz kamen. Ich hoffe nachweisen zu können, daß wie es schon für Friedrich ein Fehler gewesen wäre, sich einen solchen Gewaltstoß zuzutrauen, es ein noch viel größerer Fehler für die Athener gewesen wäre.

Heer klein, Megara auf Seiten der Athener. Was auch der politische Grund des Feldzuges gewesen ist, auf dem Hinmarsch wünschten die Spartaner sicherlich keinen Conflict mit den Athenern; auf dem Rückmarsch hatten sie nicht nur die Besatzung der Päſſe, sondern namentlich einen Flanken-Angriff im Marsch seitens des athenischen Heeres zu fürchten. Als dieses erst geschlagen war, war den Spartanern auch die Geraneia nicht mehr gesperrt.

Zunächst sind in Dunckers thatsächlichen Voraussetzungen mehrere offenbare Fehler. Duncker nimmt an, daß die Athener mit doppelter Uebermacht in Böotien erscheinen konnten. Das geht nicht auf das Verhältniß der überhaupt vorhandenen Streitkräfte, da unmittelbar darauf (S. 423) gesagt ist, daß Athen der Zweidrittelmacht der Böoter, Lokrer, Phocier in gleicher Zahl entgegenzutreten vermochte, und an anderer Stelle (S. 64; ähnlich S. 367) sogar angenommen wird, daß der böotische Bund „an Bevölkerungszahl nicht hinter der Attikas zurückblieb, in gymnastischer Ausbildung seiner Hopliten sich mindestens mit Athen messen konnte, an Zahl und Uebung seiner Reiterei den Athenern entschieden überlegen war".

Die „doppelte Uebermacht" vorher kann also nur auf die größere Schnelligkeit der Mobilisirung zurückgeführt werden. Diese anzunehmen ist aber ganz unerlaubt. Zu einem Kampf in unmittelbarer Nähe ihrer Stadt waren die griechischen Hopliten immer mobil. In zwei Tagemärschen konnten alle Böotier und die meisten Phocier und viele Lokrer dazu bei Theben versammelt sein. Was in aller Welt zwang die Bündner eine entscheidende Schlacht vor der vollen Versammlung ihrer Macht anzunehmen? Wenn sie sich gar noch weiter zurückzogen und die Athener sie verfolgten, so kam sicher mittlerweile ein Heer von Megarern und Peloponnesiern den Athenern in den Rücken. Einige Seiten vorher (S. 388) hat es Duncker selbst gesagt, daß die Spartaner binnen wenigen Tagen ihre gesammte stets kriegsbereite Mannschaft in's Feld zu schicken vermochten. Wenn die Athener sich nicht sehr eilten, heimzugelangen, so konnte das ganze Heer abgeschnitten und von doppelter Ueberlegenheit eingeschlossen werden.

Duncker verlangt, daß von der anderen Seite die Thessalier in Böotien einfielen. Warum in aller Welt konnten diese schneller auf dem Platz sein als die Peloponnesier? Von diesen wird hier angenommen, sie hätten vier Wochen zur Mobilmachung gebraucht — warum denn die Thessalier weniger?

Angenommen aber wieder, alle diese Einwände gälten nicht, die Athener wären völlig überraschend gekommen; die Böotier wären so unklug gewesen mit halbversammelten Kräften eine Schlacht zu wagen und zu verlieren — dann, erst dann wären wir bei einer Entscheidung analog derjenigen über Friedrich den Großen im Herbst 1756. Friedrich hätte nicht möglicherweise, sondern sicherlich die Oesterreicher mit doppelter Uebermacht anfallen können; er hätte sicherlich einen großen Sieg erfochten — dennoch loben wir ihn, daß er sich nicht zu so hohem Unterfangen hinreißen ließ, weil er damit auf eine Bahn gekommen wäre, auf der er endgültig niemals siegen konnte, sondern zu Grunde gehen mußte. Denn einmal eine Niederlage erlitten an der Donau, das wäre für ihn der völlige Untergang gewesen, wie für Karl XII. die Schlacht bei Pultawa. Zum wirklichen dauernden Frieden hätte ihn auch der größte, so erraffte Sieg dennoch nicht geführt, aber das einmal angenommene Kriegssystem hätte sein ganzes Schicksal an vielleicht einen einzigen Unglücksfall, wie solche im Kriege immer wieder vorkommen, geknüpft. Hier ist es, wo das, was ich die psychologische Reaction der doppelpoligen Strategie nenne, einsetzt. Sie hat in König Friedrich garnicht einmal den Gedanken eines Entscheidungs-Feldzuges in den Jahren 1756 und 1757 aufkommen lassen. Man mache sich das nur einmal vollständig klar; wir wissen es jetzt aus Friedrichs intimsten Aeußerungen: er hat nicht etwa die Idee eines, wie wir es einmal bezeichnen wollen, napoleonischen Feldzuges gefaßt, geprüft und als unausführbar verworfen, sondern er hat eine solche Idee überhaupt garnicht in sich aufkommen lassen, weil er wußte, daß ein dauernder Erfolg für ihn auf diesem Wege nicht zu erreichen war. Wir wissen nicht, wie sich die Gedanken in Perikles gebildet haben: das Resultat aber ist dasselbe, wie die Lage Athens dieselbe war. Mit dem moralischen Erfolg des supponirten Sieges in Böotien wäre es vielleicht gelungen in einigen böotischen Städten Athenerfreunde an's Ruder zu bringen. Aber die Uebermacht der Peloponnesier blieb darum doch bestehen und binnen Kurzem hätte Athen vor der Frage gestanden, ob es seine neuen Freunde in Böotien einem ebenso traurigen Untergange preisgeben wolle, wie es nachher den Platäern geschah, oder die große Landschlacht gegen die Peloponnesier wagen. Eins wie das andere hätte für Athen eine Niederlage eingeschlossen, sehr viel größer, als ein in einem glücklichen Ueberfall, man möchte sagen, erschlichener erster Sieg je werden konnte. Die Schlacht bei Delion hat nachher auch praktisch gezeigt, wie richtig Perikles diese Verhältnisse beurtheilt hat. Diese Schlacht allein würde als ein positiver Beweis nicht genügen; denn eine einzelne Schlacht oder ein einzelner Feldzug kann einmal durch widrige Zufälle verloren gehen. Die Betrachtung der gesammten Lage aber bestätigt das Urtheil dieser Schlacht und sie wurde geschlagen in einem Feldzug, der sich noch bei Weitem nicht ein so hohes Ziel steckte, wie es hier Duncker hinstellt.

Die Chancen eines Sieges in Böotien also waren minimal, die Gefahr ungeheuer und selbst die Vortheile eines etwaigen Sieges wogen nicht die leicht daraus erwachsenden Nachtheile auf, besonders wenn man bedenkt, daß es sich um ein demokratisches Staatswesen handelt, in dem noch leichter als anderswo Erfolg zu unbesonnenen Schritten verleitet.

Der dritte Vorschlag Dunckers ist, daß die Athener auf attischem Boden mit dem Feinde schlagen sollten. „War es denn so gewiß, daß man geschlagen wurde, geschlagen wurde, wenn die Feldherren dafür sorgten, daß vor der Vereinigung der Peloponnesier und Böotier geschlagen wurde? Athen besaß doch den Vortheil zwischen ihnen zu stehen.“ Ja selbst eine Niederlage wäre besser gewesen, als die kampflose (Pflugk-Harttung sagt „feige“) Räumung des eigenen Gebiets. — Mit der Tapferkeit dieses letzten Satzes will ich nicht streiten. Ich will nur darauf aufmerksam machen, daß wenn die Athener solchen Heroismus für angebracht hielten, sie doch auch thatsächlich ihre ganze Heeresmacht zusammenbringen und bis auf's äußerste streiten mußten. Unter einem Verlust von 3—4000 Mann wären sie nicht davon gekommen; bei einigem Unglück, wenn ein größerer Haufen abgeschnitten wurde, hätten sie auch leicht die Hälfte ihrer 15 800 felddienstfähigen Bürger einbüßen können*). Für

*) Bei Delion kämpften 7000 athenische Hopliten gegen ebensoviel böotische. Die Schlacht begann erst am späten Nachmittag und der

ein Mittel, den Krieg siegreich zu beenden, vermag ich solche Art Schlachten nicht anzusehen, selbst nicht mit der Erläuterung Pflugk-Harttungs (S. 84): „Gerade eine der stärksten Seiten der elastischen sanguinischen Athener bestand ja darin, sich nach verlorenen Schlachten wieder aufzuraffen; diese Eigenthümlichkeit hätte ein guter Feldherr sicher benutzt."

Was nun den ersten Rath Dunckers betrifft, zu schlagen, ehe die Peloponnesier und Böotier vereinigt waren, so hing solches doch wohl weniger von der athenischen als von der gegnerischen Führung ab. Da nach Dunckers eigener Annahme selbst der schwächere dieser Theile, die Böotier mit ihren Nachbarn den Athenern gewachsen waren, so vermag ich Perikles nicht zu tadeln, weil er sich die Kunst nicht zutraute, hier den günstigen Moment zu einem Siege herauszufinden. Zu alledem kommt, daß nach des Thucydides ausdrücklicher Angabe (II, 18) die Peloponnesier über Oenoe in Attika einbrachen, womit jede Möglichkeit die Böotier vor der Vereinigung mit ihnen zu schlagen, ausgeschlossen ist.

Wer sich nach alle Dem klar gemacht hat, daß eine Landschlacht, sei es in Attika, sei es in Böotien, den Athenern nothwendig verderblich und deshalb um jeden Preis vermieden werden mußte, der wird bei der Aufzählung all' der Nachtheile, die aus der Räumung des flachen Landes

---

Einbruch der Nacht beendigte daher bald die Verfolgung und rettete die Masse der Flüchtigen. Dennoch verloren die Athener fast 1000 Hopliten. Hiernach habe ich für die supponirte Duncker'sche Schlacht mit etwa 20000 Mann ohne die besonderen günstigen Umstände von Delion den oben präsumirten Verlust angesetzt. Die Stadt Anbrakia verlor bald darauf fast ihre gesammte waffenfähige Bürgerschaft in einem Feldzug in unmittelbarer Nachbarschaft der Stadt.

entsprangen, dem Zusammendrängen in der Stadt, der Schädigung gerade der Gegner des Perikles*), endlich der Pest sich hüten müssen, den Eindruck zu erwecken, als ob es doch noch hätte Mittel geben müssen, diese Nachtheile zu vermeiden. Ganz umgekehrt: je schmerzlicher der Schaden, je größer die Versuchung, desto bewundernswerther die Klarheit des Blicks, die Größe der Entschlußkraft, welche trotz Jammer und Gefahr das Unvermeidliche erkannte, that und festhielt.

Der vierte Vorschlag Dunckers (in seiner eigenen Aufzählung der dritte) stellt sich zur Hälfte auf den Boden des Perikleischen Planes, läßt die Räumung des platten Landes von Attika vorläufig gelten, verlangt aber eine ganz andere Art der Offensive. Die Offensive der Athener, die in Unterbindung des gegnerischen Handels und Angriffen auf die feindlichen Küstengebiete bestand, sollte gesteigert werden zu „einem Stoß in das Herz Spartas". Ein starkes attisches Heer mußte mit den Messeniern von Naupaktus nach Messenien übergeführt, durch Ueberfall oder energischen Sturm ein Hafenplatz in Besitz genommen und dann die Heloten zur Freiheit aufgerufen werden. In hellen Haufen würden sie den Befreiern zugeströmt und dadurch das spartanische Heer sammt allen Bündnern im Peloponnes festgehalten sein. Das wäre die wahre Antwort auf die Invasion Attikas gewesen; der Gegenstoß, „der nicht fehl gehen konnte und mit auch nur leidlichem Nachdruck verfolgt, bald zum Ziel führen mußte". (S. 422.)

In diesem Bilde ist zunächst auffallend als ein Zeichen, wie der Verfasser mit einer Art leidenschaftlicher Verblen-

*) Landwehr, Philologus 47, 122.

dung plädirt, statt objektiv zu prüfen der „energische Sturm“, mit dem die Athener sich eines Hafens bemächtigen sollen. Unmittelbar vorher, wo umgekehrt bewiesen werden soll, wie leicht die Athener die Geraneia hätten halten können, haben wir erfahren, daß „Mauern damals den hellenischen Heeren fast unüberwindliche Schranken zogen“ und bald ist erzählt, daß das gewaltige Invasionsheer in Attika nicht im Stande war, ein einziges der kleinen Grenzkastelle zu nehmen und wie endlich Platää jedes gewaltsamen Angriffs spottete.

Der Vorschlag selbst geht weit über Alles hinaus, was auch die Nachfolger des Perikles in dem Verlaufe des ganzen Krieges jemals versucht haben. Niemals haben sie daran gedacht, ein „starkes attisches Heer“ nach Messenien hinüberzuschaffen, um hier gestützt auf eine Erhebung der Hörigen Krieg im großen Styl zu führen. Wie sollten sie auch der großen Macht, der sie nicht einmal in ihrem eigenen Gebiet entgegenzutreten wagten, in deren Lande die Spitze bieten können, wohin sie doch immer nur einen Theil ihrer Streitkräfte schicken konnten? Den Spartanern hätte hier so gut wie in Attika, im Nothfall das ganze peloponnesisch-böotische Heer zu Gebote gestanden. Hätten die übergelaufenen Heloten, vorausgesetzt, daß wirklich so sehr viele kamen, die Differenz ersetzen können zwischen einem athenischen Heer in Attika und über See? Nicht einmal auf der Höhe ihres Selbstvertrauens, nach dem unerhörten Erfolge von Sphakteria, als sie die Messenier von Naupaktus zur Besetzung nach Pylos hinüberführten, haben die Athener sich zu solchen Gedanken verstiegen. Dunckers Vorschlag ist nicht viel besser, als wenn Jemand 1812, als die Preußen in ihrem Lande

Napoleon nicht zu widerstehen wagten, ihnen gerathen hätte, ein Heer in die Vendee zu schicken.

Alle diese Vorschläge sind Phantome, zu widerlegen nicht um ihrer selbst willen, sondern nur weil sie von einem so angesehenen Gelehrten wie Duncker vorgetragen worden sind. Erst jetzt nähern wir uns dem ernsthaften Problem.

Wir haben gesehen, daß die Entscheidung einer großen Schlacht weder in Böotien, noch in Attika, noch in Messenien gesucht werden durfte.

Sie konnte also überhaupt nicht gegeben werden: die Athener konnten sie nicht herausfordern zu Lande, die spartanische Symmachie nicht zur See. Damit ist die negative Seite des Perikleischen Kriegsplanes gerechtfertigt.

Bezüglich der positiven Seite müssen wir die Fragen mehr auf die Ausführung stellen, als den Plan. Weder hier noch jemals ist es der Plan, der die Größe des Feldherrn macht. Auch schon nach der negativen Seite hin werden es viel mehr als die Einsicht des Perikles, die ihre Substanz bildenden Charaktereigenschaften sein, die wir bewundern, die Entschlossenheit, mit der, was nicht zu halten war, das platte Land von Attika, freiwillig preisgegeben wurde; der Muth der Verantwortung, mit dem in dem demokratischen Staate der Feldherr die Volksversammlungen unterdrückte, damit die thörichte Menge sich und das Gemeinwesen nicht unbesonnen in's Verderben stürze. Die letzte und entscheidende Frage bleibt, ob nun unter des Perikles Leitung auch activ der Krieg thatsächlich so geführt wurde, daß dem Feind aller mögliche Abbruch geschah, daß trotz der Unthunlichkeit großer Entscheidungen doch die kriegerische

Energie nicht litt, daß der größere Verlust und damit die Wahrscheinlichkeit der früheren Ermattung auf der feindlichen Seite war und nicht auf der athenischen.

Nur einen besonderen Punkt dieser activen Kriegführung nehmen wir vorweg und behandeln ihn unter dem Gesichtspunkte des „Planes", weil vor Allem die richtige Auffassung der Bedeutung des Kriegsmittels selbst in Frage steht und klar gestellt werden muß. Es ist die Frage, warum Perikles das Mittel, das sich im Verlauf des Krieges so sehr wirksam erwiesen, nämlich die dauernde Besetzung fester Punkte an der feindlichen Küste, speciell in Messenien, auch abgesehen von der Duncker'schen Vorstellung der Landung eines „starken Heeres", nicht sofort in's Werk gesetzt hat.

Dieses Mittel hat Perikles nicht ergriffen. Wir müssen festzustellen suchen, wie stark dessen Wirksamkeit gewesen sein würde und wie sich die sonstigen Unternehmungen der Athener unter Perikles' Führung dazu verhalten.

Um die Bedeutung der Besetzung von Pylos recht zu würdigen, ist es nöthig, das Ereigniß von Sphakteria zunächst zu eliminiren. Dieser Erfolg war ein Zufall, zu dem die Besetzung von Pylos wohl die Gelegenheit gegeben hat, der sich aber im Uebrigen neben ihr her entwickelte. Auch das Gelegenheit-Geben zu solchen Zufällen ist im Kriege ein großes Verdienst, liegt aber nicht in der Sache selbst. Wir müssen also Beides von einander trennen und betrachten den Werth der Besetzung eines solchen Küstenplatzes wie Pylos an sich.

Pflugk-Harttung (S. 73) sagt, die Spartaner hätten die Besetzung von Pylos „geradezu als Staatsgefahr betrachtet, mit der Gesammtmacht suchte man die Athener zu vertreiben, die in Attika Eingefallenen zogen sich sofort zurück, die Behörden begaben sich persönlich an Ort und Stelle". Diese Schilderung giebt den Bericht der Quellen nur sehr ungenau wieder. Ausgelassen ist zunächst, daß die Spartaner anfänglich garkein Gewicht auf die Nachricht legten. Sie feierten gerade ein Fest und glaubten die Athener ohne Schwierigkeiten wieder vertreiben zu können, sobald sie nur wollten (Thuc. IV, 5). Daß die in Attika eingefallenen Peloponnesier sich zurückzogen, ist richtig, aber nicht bloß um Pylos willen geschehen. Sie waren, wie Thucydides ausdrücklich hinzufügt und Pflugk-Harttung ausläßt, sehr früh diesmal in Attika eingebrochen, hatten Mangel an Nahrungsmitteln und litten unter der sehr ungünstigen Witterung. Wäre Agis bloß um der Abwehr der Mannschaft des Demosthenes willen umgekehrt, so müßte er sehr strenge beurtheilt werden. Denn so viel streitbare Krieger waren immer noch im Peloponnes, um auf der Stelle mit zehnfacher Ueberlegenheit über die allerhöchstens 1000 Eingedrungenen herzufallen. In Attika wird aber nicht mehr viel zu verwüsten gewesen sein; in der Heimath selbst winkten Lorbeeren, dazu keine Verpflegung und schlechtes Wetter: Alles das wirkte zusammen, daß das Invasionsheer schleunigst umkehrte*).

*) Müller-Strübing in den Fleckeisenschen Jahrbüchern Bd. 123 S. 660 hat die Ansicht ausgesprochen, auch das Heer des Archidamos im ersten Kriegsjahr sei auf die Meldung von der athenischen Flotte heimgekehrt. Schon Duncker IX, 434 Anmk. hat dies zurückgewiesen. Noch treffender und völlig schlagend Herbst im Philologus Bd. 46 S. 566 ff. Hätten die Athener auf eine so einfache Weise die Invasionsheere immer wieder loswerden können, so hätten sie leicht krieg-

Die Behörden begaben sich endlich nicht, wie es nach Pflugk-Harttung scheinen möchte, sofort an Ort und Stelle, sondern erst als das Unglück der Einschließung von Sphakteria gemeldet wurde (Thucyd. IV, 15).

Was die Spartaner von Pylos zu fürchten hatten, waren Plünderungszüge der Besatzung, denen das Kastell immer einen sicheren Zufluchtsort darbot, ferner eine große Verführung und Erleichterung für die Heloten überzulaufen, endlich die Anregung zu einem Helotenaufstand. Solcher Aufstand ist in sehr verschiedenen Intensitäts-Graden denkbar: vom Kriege mit Feldschlachten unter Hülfe fremder Heere herab bis zu kleinen Räuberbanden im Gebirge; um wieder moderne Beispiele zu gebrauchen: von den Spaniern gegen Napoleon bis zu den Briganten Franz II. von Neapel. Wie groß die Wahrscheinlichkeit und die Kraft einer Bewegung in Messenien gewesen wäre, ist der Kern der Frage. Die Vorstellung eines messenischen Krieges, wie ihn die Spartaner vierzig bis dreißig Jahr früher durchzukämpfen gehabt hatten, ist es ja, die Duncker zu der Idee eines athenischen Invasionsheeres in Messenien verleitet hat. Diese Vorstellung ist aber unrichtig. Solche Bewegungen wiederholen sich nicht so leicht und ganz falsch ist es, aus der Besorgniß (Thuc. V, 14) und den Vorkehrungen der Spartaner etwa zu schließen, daß die Gefahr auch wirklich sehr groß und sehr nahe gewesen sein müsse. Jeder Staat trifft fortwährend

führen gehabt; sie hätten nur in dem Augenblick, wo die Feinde sich auf dem Isthmus sammelten, ihre Flotte auslaufen zu lassen brauchen. Müller-Strübing stellt sich die Verpflegung eines großen Heeres noch zu leicht, oder vielmehr noch nicht schwer genug vor.

gegen tausend Gefahren Vorkehrungen, die eben durch diese Vorkehrungen aufhören Gefahren zu sein. Im Kriege rechnet man unausgesetzt mit Möglichkeiten, die nur äußerst geringe Wahrscheinlichkeit haben, nur, um nicht durch Vernachlässigung eine wirkliche Wahrscheinlichkeit entstehen zu lassen. Die preußischen Truppen besetzten 1864 zum Schutze gegen dänische Landungen die pommersche Küste. Die Athener kehrten vom Schlachtfeld bei Marathon nach ihrer Stadt zurück, um einer Ueberrumpelung durch die Perser entgegen zu treten. Darum wären solche Unternehmen seitens der Dänen oder Perser doch wahnwitzig gewesen. Funfzehn Jahre sind die Athener im Besitze von Pylos geblieben und haben es mit den eifrigsten Feinden der Spartaner, den naupaktischen Messeniern besetzt; trotzdem ist eine Erhebung niemals, nicht einmal im Jahre 418, als die Spartaner mit dem peloponnesischen Sonderbunde und den Athenern unter Alcibiades im Kriege waren, versucht worden. Gegen diese Thatsachen kann der Hinweis, daß wieder ein halbes Jahrhundert später doch noch eine Revoltirung der Messenier gelungen ist, nicht durchschlagen. Als im Jahre 369 Messene gegründet wurde, lag der spartanische Kriegsstaat gebrochen am Boden; es existirte eine Landmacht, die der spartanischen gewachsen und überlegen war. Epaminondas zog nach Gutdünken durch das Eurotasthal, wie im peloponnesischen Kriege die Könige Archidamos oder Agis durch Attika. Diese Verschiedenheit muß man im Auge behalten, um zu verstehen, daß weder Perikles, noch Demosthenes, noch Alcibiades konnten, was später Epaminondas konnte. Wohl lebten die Spartaner in steter Angst und Sorge vor Revolution und

Bürgerkrieg; diese Angst und Sorge übte einen schweren moralischen Druck auf alle ihre Entschließungen; so viel Realität aber, um einen großen Feldzug darauf zu gründen, hatte, wie die Folgezeit gelehrt hat, die Gefahr nicht. Was hätte die Athener gehindert nach dem Siege von Sphakteria den Feldzug zu unternehmen, wenn er wirklich Erfolg verheißen hätte? Diejenige Heloten-Bewegung, mit der man im Peloponnesischen Kriege wirklich rechnen mußte, war kein allgemeiner Freiheitskampf, sondern eine Anregung zu Widersetzlichkeiten, Rachethaten, Verschwörungen im Kleinen, die bei üblem Ausgang mit der Flucht nach Pylos endigten. Solch' stiller Guerillakrieg im eigenen Lande, die Vorsichtsmaßregeln, die doch immer gegen größere Unternehmungen verzweifelter Tollköpfe getroffen werden mußten*), der directe materielle Verlust von entflohenen Arbeitern, Alles das machte den Spartanern die Festsetzung der Athener in Pylos sehr empfindlich. Weiter aber darf man nicht gehn, wie auch nach dem ersten großen Zusammenstoß Pylos eine besondere Rolle nicht weiter gespielt hat. Die abgefallenen Heloten in Koryphasion (Pylos) capitulirten auf freien Abzug — das ist Alles was Xenophon**) über die Rückeroberung des Platzes

*) Hierzu soll nach Thucydides IV, 80 auch die hinterlistige Ermordung von 2000 Heloten gehört haben. Trotz meiner Thucydides-Orthodoxie gestehe ich, daß ich diese Geschichte nicht glaube. Auch der klarste kritische Kopf hat einmal eine schwache Stunde, wo er sich Etwas weismachen läßt.

**) Hellenika I, 2, 18. Ausführlicher Diodor. Grote schließt aus der beiläufigen Art der Erwähnung bei Xenophon, daß dieser lakedämonische Quellen benutzt habe. Das scheint mir ein Fehlschluß zu sein. Die Rückeroberung des Platzes war immerhin ein Sieg, und eigene

durch die Spartaner berichtet. Es ist ein Ereigniß nicht des großen, sondern des Parteigänger-Krieges. Nur hierauf und hiermit durften die Athener in Messenien rechnen, so lange die spartanische Symmachie zusammenhielt und durch ihre ungeheuere Ueberlegenheit der Landmacht ihren Druck allenthalben ausübte.

Damit haben wir das Kriegsmittel genauer umschrieben, dessen Nicht-Anwendung dem Perikles ganz besonders zum Vorwurf gemacht wird. Ob der Vorwurf begründet ist, müssen wir untersuchen in dem Zusammenhang des Krieges, wie ihn Perikles in Wirklichkeit geführt hat. Zunächst haben wir gesehen, daß es sich nicht um einen principiellen Gegensatz zu dem Perikleischen Kriegsplan, sondern um nichts als um eine Modalität in der Ausführung dieses Planes handelt.

Ich glaube hiermit den Perikleischen Plan als Plan, als Idee gerechtfertigt zu haben. Wichtiger aber als der Plan ist die That, die Ausführung.

Siege pflegt man nicht zu verkleinern. Xenophon erwähnt es beiläufig, weil es wirklich keine so sehr große Bedeutung hatte.

VII, 26 erzählt Thucydides, wie Demosthenes auf der Fahrt nach Sicilien noch einen anderen Platz in ähnlicher Weise an der lakonischen Küste befestigte und besetzte „ἵνα δὴ οἵ τε Εἵλωτες τῶν Λακεδαιμονίων αὐτόσε αὐτομολῶσι καὶ ἅμα λῃσταὶ ἐξ αὐτοῦ, ὥσπερ ἐκ τῆς Πύλου, ἁρπαγὴν ποιῶνται“. Damit haben wir eine ganz authentische Charakterisirung der Bedeutung, welche diese Orte hatten — immer abgesehen von dem besonderen Ereigniß von Sphakteria. Die Forschung steht aber vielfach so unter dem Bann dieses Ereignisses, daß sie nicht davon frei machen kann. Müller-Strübing in Fleckeisens Jahrb. Bd. 127 hält es für unmöglich, daß Demostehenes sich um der „Anlegung eines Räubernestes“ willen aufgehalten habe und geheimnißt einen anderen wunderbar großartigen Kriegsplan hierin. Herbst (Philol. 46, 579) hat ihn mit ebenso viel Gelehrsamkeit wie gesundem Urtheil widerlegt.

7. Die drei ersten Feldzüge des Peloponnesischen Krieges (431—429).

Es giebt, wie wir sahen, eine Schule, welche für alle Zeiten und Verhältnisse nur eine einzige, stets und allein richtige Strategie gelten lassen will. Wir sind nach Clausewitz' Anleitung ausgegangen von einer natürlichen Doppeltheit der Strategie und haben damit die Möglichkeit kriegsgeschichtlicher Analogien sehr eingeschränkt. Nicht ohne Weiteres darf aus der Aehnlichkeit zweier kriegsgeschichtlicher Momente eine Analogie construirt werden; erst ist aus der Gesammt-Situation zu entscheiden, ob auch dieselbe „Art" der Strategie zu Grunde zu legen ist. Als völlig unanwendbar hat sich uns da für den Peloponnesischen Krieg die moderne napoleonische Kriegsweise herausgestellt; mehr und mehr aber hat der Fortgang unserer Untersuchung gezeigt, daß er in dieselbe Art gehört, wie die Kriege des 17. und 18. Jahrhunderts und aus diesen haben wir speciell vor allen den energischsten, den Siebenjährigen zum Vergleich herangezogen.

Diese Verwandtschaft noch deutlicher zu machen, ist es Zeit, die wesentlichste Verschiedenheit zu besprechen, um so mehr, da auf der Oberfläche mehr die Verschiedenheiten als die Aehnlichkeiten liegen. So oft ein neuer Zug der Aehnlichkeit hervortrat, wird der Leser im Stillen den Vorbehalt gemacht haben: trotz Allem liegt doch der Haupt-Eindruck des Siebenjährigen Krieges in seinen gewaltigen Schlachten; diese sind es, die uns das Heldenthum und die Feldherrn-Größe des Preußenkönigs verbürgen: wo sind die entsprechenden Thaten des Perikles?

In dieser Frage ist zweierlei zu unterscheiden: die Bedeutung der Friedericianischen Schlachten an sich und die Bedeutung für die Persönlichkeit des Königs.

Die Bedeutung der Schlachten Friedrichs ist nicht, daß sie den Krieg entschieden haben. Da man Lowositz als eine eigentliche Schlacht kaum rechnen darf, so haben von den sieben Feldzügen nur in vieren Schlachten stattgefunden. In den beiden letzten Jahren 1761 und 1762 ist es zu wirklichen Schlachten nicht mehr gekommen. Der Krieg ist also beendigt worden nicht vermöge der Niederwerfung eines der beiden Gegner durch Schlachten, sondern vermöge der eintretenden Ermattung. Man könnte sich denken, daß Friedrich von Anfang an nach der Art der beiden letzten Jahre den Krieg geführt hätte und er wäre dabei materiell sogar besser gefahren. Wie dem aber auch sei: die Schlachten bleiben bestehen, aber da sie für das Ergebniß des Krieges nicht das Entscheidende gewesen sind, so heben sie die Analogie mit dem Peloponnesischen Kriege nicht auf und es ist klar, daß der Ursprung der Verschiedenheit nicht in der Subjektivität der Feldherren, sondern in den verschiedenen Verhältnissen zu suchen ist. Die Kriegsmacht Friedrichs war derjenigen seiner Gegner im Wesen gleich, nur schwächer. Deshalb konnte er es versuchen, durch geschickt geführte schwere Schläge den Feinden den Krieg schneller zu verleiden, als es durch das bloße Ausdauern zu erwarten war. Zwischen den Athenern aber und ihren Gegnern tritt das Moment hinzu, daß die beiderseitige Stärke verschiedenen Elementen angehört. Auf dem Lande sind die Einen, auf der See die Anderen so überaus viel schwächer, daß, wie wir sahen, jeder Versuch einer Schlacht-Entscheidung von vorn herein ausgeschlossen war.

Der zweite Theil unserer Frage ging auf die Bedeutung der Schlachten für die Persönlichkeit des Feldherrn. Für Friedrich geben sie uns die Garantie, daß seine Entschlüsse, auch wo sie der Entscheidung ausweichen, nicht aus Mangel an Charakterkraft, sondern aus Verstandesgründen entsprungen sind. Wer Prag, Leuthen und Torgau geschlagen hat und erst recht Kollin und Kunersdorf, der ist überhaupt ein Mann ohne Furcht. Wo haben wir diese Garantie für Perikles? Diese Frage werden wir später zu beantworten haben und knüpfen, indem wir sie hier fallen lassen, wieder an an den letztgefundenen Satz, daß vermöge der verschiedenen Natur der beiderseitigen Streitkräfte im Peloponnesischen Kriege eine Schlacht-Entscheidung überhaupt nicht zu erreichen war. Wodurch sollte denn nun der Krieg entschieden werden?

Da waren zunächst die unblutigen Mittel, Unterbindung des Handels und Verwüstung von Land. Perikles hat den Athenern auseinandergesetzt, daß sie auf diese Weise größeren Schaden thun, als erleiden würden. Es ist für uns schwer, das heute nachzurechnen. Die Verwüstung eines Landes ist keine so ganz leichte Sache. So weit das Feuer reicht, ist sie zwar einfach, aber Getreidefelder, Bäume, Weinberge zu vernichten kostet Zeit und Mühe. Im Mittelalter nahm man Mäher mit in's Feld, um die feindlichen Getreidefelder abzumähen, so z. B. Herzog Leopold von Oesterreich im Sempacher Krieg. Einen einzigen mittelstarken Baum zu fällen braucht man selbst mit den besten Instrumenten einige

Stunden. Die Peloponnesier, die mehrere Wochen in Attika blieben, hatten Zeit und Muße gründlich zu verfahren, aber sie mußten doch das Gros ihres Heeres stets schlagfähig zusammenhalten, um einem Ausfall der Athener zu begegnen. So ist es gekommen, daß sie im ersten Feldzug doch nur einen Theil von Attika durchzogen und in den späteren Jahren immer noch etwas zu verwüsten vorfanden*). Daß die Athener ihnen immer von Neuem die Felder bestellt haben, ist doch wohl kaum anzunehmen**); der Hauptgegenstand der Zerstörung waren also die Häuser, Bäume und Weinberge. Fielen nun umgekehrt die Athener in eine feindliche Küstenlandschaft ein, so werden sie sich immer sehr beeilt haben, wieder an Bord zu kommen, damit nicht der Landsturm sich sammele und ihnen mit Uebermacht auf den Leib gehe, ihnen vielleicht gar den Rückweg abschneide. Die Verwüstung wird also hier immer ziemlich oberflächlich ge-

*) Müller-Strübing hat ebenfalls schon daraufhingewiesen, daß Verwüstung eines Landes eine mühselige Sache sei und die Arbeit der Menge von leichtbewaffneten Sklaven zuertheilt, die ein griechisches Heer begleiteten. Ich habe in meinen „Perser- und Burgunderkriegen“ die Vorstellung von der Masse dieser „Leichtbewaffneten“ bekämpft; jeder Mann mehr ist auch ein Esser mehr. Wenn die Peloponnesier so gar viele Sklaven mit ins Feld nahmen, so steigerten sie dadurch die Verpflegungs-Schwierigkeit und Kostspieligkeit des Feldzuges sehr und über das Land ausbreiten durften sich auch die Sklaven nicht, um sich nicht einem Ueberfall auszusetzen. Vgl. Thuc. III, 1.

**) Thucyd. IV, 6 (als Agis aus Attika abzieht) darf nicht auf die Unreife des Getreides in Attika bezogen werden. Wenn man zum Krieg auszog, ehe das Getreide reif war, so waren die Vorräthe allenthalben gering; deshalb war die Ausstattung des Heeres mit Proviant gleich beim Auszug mangelhaft gewesen. Daß die Peloponnesier von attischem Getreide leben wollten und doch kamen, ehe dieses reif war — das darf man ihnen doch wohl nicht zutrauen.

blieben sein. Diese Expeditionen hatten aber ihrerseits wieder den großen Vortheil des Ueberraschenden und werden deshalb hauptsächlich auf einen viel kostbareren Gegenstand als die Immobilien, auf Menschen und Vieh gerichtet gewesen sein. Die Peloponnesier hatten von vorn herein eine ganz bestimmte und begrenzte Sphäre ihrer Feindseligkeiten. Bei den Athenern hing Alles davon ab, mit wie großer Macht, wie viel kluger Berechnung, Schnelligkeit, Kühnheit, Vielfältigkeit sie ihre Züge ausführten. Bringt man endlich in Anschlag, daß die Athener neben Attika noch Euböa hatten und durch die Occupirung von Aegina sofort einen sehr ansehnlichen Ersatz für die Verluste auf Attika schufen, daß umgekehrt die Zusammenpferchung der Bevölkerung in der Stadt höchstens sechs Wochen im Jahr dauerte, so muß man dem attischen Staatsmann trotz der seiner Rede naturgemäß innewohnenden Tendenz doch wohl zustimmen.

Mochte nun aber diese oder jene Partei bei den wechselseitigen Verwüstungen den Kürzeren ziehen, eine Heerführung, die überhaupt nicht weiter dachte, würden wir mit Recht gering achten; am meisten freilich die spartanische, welche auf diese Weise ihren Zweck, die Auflösung des athenischen Seebundes überhaupt nicht erreichen konnte, aber auch die athenische. Diese hätte ja vielleicht ihren nächsten Zweck, Abwehr des Angriffs der Continentalen endlich erreichen können, aber wenig kriegerischen Sinn würde man ihr dennoch mit Recht zum Vorwurf machen.

Wir haben in unserem theoretischen Capitel gesehen, wie Friedrich der Große sich die Frage vorgelegt hat, was er einem Feinde, der durch die Wahl unangreifbarer Stellungen

Feldschlachten unmöglich machte, anhaben könne. Er nahm sich vor, über seine Detachements herzufallen. Ein analoges Mittel war auch im peloponnesischen Kriege anwendbar und ist im Laufe der Dinge thatsächlich zur Anwendung gekommen: man schuf (in Akarnanien) einen Neben-Kriegsschauplatz, wo mit Theilkräften gefochten wurde in solchen Verhältnissen, daß die Athener das Landgefecht wagen durften anzunehmen.

Ein weiteres Mittel war die bereits besprochene dauernde Besetzung fester Punkte an der feindlichen Küste, speciell in Messenien.

Endlich erscheint nicht ausgeschlossen die Eroberung oder Ueberrumpelung der feindlichen Küstenstädte: Epidaurus, Hermione, Gytheion, vielleicht auch Megara oder Trözen.

Diese letzteren Unternehmungen, ebenso wie die Verwüstungs-Expeditionen mußten nicht nur um ihrer selbst willen, sondern auch ganz besonders um der Zufälle willen unternommen werden, die sich aus ihnen entwickeln und zu kriegerischen Actionen ausgenutzt werden konnten.

Die entscheidende Frage ist nun: wäre es richtig gewesen, alle diese Mittel gleichzeitig und sofort mit Beginn des Krieges in Anwendung zu bringen, um einen möglichst starken Eindruck zu machen? Dem ist nicht so. Die größte Macht in der Ermattungs-Strategie bleibt immer die Zeit und daher eines ihrer Grundgesetze die Oekonomie der Kräfte. Soviel man auch in einem ersten Feldzug mit den angegebenen Stratagemen erreicht hätte, zur Unterwerfung oder zum Frieden würde man den Feind doch nicht gebracht haben. Es ist eine analoge Erscheinung wie das Vermeiden der Winterfeldzüge in der doppelpoligen Strategie des 17. und 18. Jahrhunderts. So groß ihre Wirksamkeit sein könnte, so unternimmt man sie doch nicht, weil zuletzt das Aufbrauchen der eigenen Streitkräfte noch schädlicher erscheint. Wir haben oben gesehen, wie außerordentlich günstige Verhältnisse im Jahre 1756, nach Pirna, dem König Friedrich ein Winterfeldzug in Böhmen geboten haben würde. Und dennoch ist er nicht einmal theoretisch auf einen solchen Gedanken verfallen*). Unter demselben Gesetz stand die Kriegführung der Athener im Jahre 431: die Kriegsmittel mußten unter allen Umständen auf einen sehr lang dauernden Krieg berechnet werden; demgemäß mußte die Kriegführung nach einer verständigen Abwägung sich selbst gewisse Grenzen stecken. Eine formale Regel für das Zuviel und Genug, nach der der Feldherr oder nachher die Kritik die Leistung abmessen könnte, giebt es nicht. „Der Pfad der Ueberlegung läßt sich“, wie Clausewitz es in dem Capitel „Oekonomie der Kräfte“ (3. B. 14. Cap.) ausdrückt, „durch Grundsätze und Ansichten selten bis zu einer bloßen Linie einengen. Es bleibt immer ein gewisser Spielraum. So ist es aber in allen praktischen Künsten des Lebens. Für die Schönheitslinien giebt es keine Abszissen und Ordinaten, Kreis und Ellipse werden nicht durch ihre algebraischen Formeln zu Stande gebracht.“ Der feinere Takt des Handelnden muß das Rechte zu treffen suchen.

---

*) Friedrich spricht darüber im 28. Artikel der „General-Principien“ und rechtfertigt die Winter-Feldzüge, die er trotz seines generellen Abrathens selber unternommen habe „mehr als kein General in diesem Seculo gethan hat“.

Die Athener waren beim Ausbruch des eigentlichen großen Krieges noch mit der Belagerung von Potidäa beschäftigt. 3000 Hopliten standen hier und eine Anzahl Trieren*). Nun rüsteten sie noch zwei Geschwader aus, eins von 30 Trieren unter Kleopomp, eines von 100 Trieren, zu denen noch 50 der Kerkyräer und andere Verbündete stießen, unter Karkinos; diesem wurden 1000 Hopliten und 400 Bogenschützen mitgegeben. Die beiden Flotten verwüsteten das feindliche Küstengebiet, nahmen einige kleine Küstenstädte, besiegten in je einem Treffen die Truppen, die sich ihnen in kleiner Anzahl entgegenzustellen wagten, während sie vor der Ansammlung eines größeren Heeres auf die Schiffe zurückgingen, und gewannen endlich ohne Kampf die Insel Kephallenia für den attischen Bund. Dem Karkinos mißlang ein Angriff auf die messenische Küstenstadt Methone. Zum Schluß des Feldzuges fiel das ganze athenische Feldheer in Megaris ein und verwüstete es in derselben Art, wie die Peloponnesier Attika verwüstet hatten.

Die Kritiker haben gegen die Leistungen dieses Kriegsjahres zwei Einwände erhoben. Erstens vermissen sie, daß feindliche Küstenorte dauernd in Besitz genommen wurden. Pflugk-Harttung nimmt an, daß Karkinos — von Perikles — den Befehl gehabt habe, sich nirgends am Peloponnes festzusetzen. Duncker schweigt hierüber und läßt nur Karkinos selbst „jeder Ahnung entbehren, um was es sich handle“. Mir scheint nichts natürlicher, als daß die Athener im ersten

*) Daß die ursprünglichen 70 die ganze Zeit dageblieben seien, scheint Holzapfel mit Recht zu verwerfen. Beiträge zur griechischen Geschichte 1888.

Jahr an eine Festsetzung im feindlichen Lande noch nicht gedacht haben; als Karkinos versuchte Methone zu erobern, hat er schwerlich beabsichtigt, es zu behalten. Die Vorstellung, daß die Athener von einem solchen Platz aus den Krieg in großem Styl hätten führen können, haben wir als ein Phantom zurückgewiesen. Die Occupation wäre eine Modalität des kleinen Krieges gewesen: aber eine wirksamere, als sie Karkinos sonst übte? Im Allgemeinen muß man doch annehmen, daß ein Feind, der bald hier bald da unvermuthet von der See einfällt, gefährlicher und schädlicher ist, als von einem festen Punkt aus, wo er immer nur auf ein sehr kleines Gebiet wirken kann. Ließ Karkinos von seinen 1400 Mann Landtruppen die Hälfte irgendwo stehn, so mußte er allenthalben anders seine Züge sehr beschränken und sich immer sehr schnell wieder zurückziehen. Stellen wir uns vor, daß er zum Schluß, als er nach Hause zurückkehrte, für den Winter irgend eine solche Besatzung etablirt hätte, so hätte das gewiß bedeutende, auch moralische Wirkung gethan, aber es war auch sehr theuer. Noch stand das große athenische Heer, ohne daß ein Ende abzusehen war, vor Potidäa. Ehe diese Mannschaft, der fünfte Theil der gesammten felddienstfähigen Bügerschaft, nicht wieder frei war, wäre es den Athenern gewiß als eine unvernünftige und unökonomische Ueberanspannung der Kräfte erschienen, noch ein zweites Corps dauernd im Felde zu erhalten. Fünf Jahre sind vergangen, ehe Jemand auf einen solchen Gedanken gekommen ist und es erscheint mir durchaus verständlich und im Einklang mit allen Erfahrungen der Kriegsgeschichte, daß dieser Gedanke sich erst allmählich im

Laufe des Krieges selbst bildet, als die ersten natürlichen Mittel, die Landungen verbraucht, die Gegenden, die dazu am meisten geeignet, ausgeraubt und vermuthlich nicht mehr angebaut und von den Bewohnern verlassen waren. Ob Karkinos, weil ihm der Angriff auf Methone mißglückte, wie Pflugk-Harttungs militärischer Blick durchschaut hat, „vom Landkriege absolut nichts verstand", will ich dahingestellt sein lassen. Für Perikles genügt es mir, die Meinung begründet zu haben, daß, wenn er, wie wahrscheinlich, nicht den Befehl dauernder Occupirung eines Küstenplatzes gab, hierin ein strategischer Fehler nicht zu erkennen ist.

Die zweite Forderung, die die Kritiker stellen, ist, daß Perikles, statt die „militärische Promenade" nach Megaris zu machen, noch jetzt die Geraneia hätten besetzen und die Stadt belagern sollen. „Von der See- und Landseite aus hätte er sie einschließen, und, wenn er sie nicht berennen wollte, den Winter hindurch eingeschlossen halten und aushungern sollen." Ueber die Besetzung der Geraneia und das verschiedene Maaß, mit dem Duncker mißt, wenn es sich um den Widerstand handelt, den damals Mauern der „Berennung" entgegensetzten, haben wir bereits gesprochen. Um die Stadt im Winter aushungern zu können, muß man annehmen, daß sie nicht genügende Vorräthe bis zur nächsten Ernte in ihren Mauern gehabt habe; eine Annahme gegen alle Wahrscheinlichkeit, denn die Landleute mit allen ihren Vorräthen hatten sich doch unzweifelhaft in die Stadt geflüchtet. Man muß ferner annehmen, daß doch wenigstens die Hälfte der felddienstfähigen athenischen Bürgerschaft das ganze Jahr im Felde hätte liegen können; eine Voraussetzung, die, selbst wenn politisch und wirthschaftlich möglich, doch den athenischen Kriegsschatz in einem Zuge erschöpft haben würde. Man muß endlich annehmen, daß die spartanische Symmachie zur Rettung ihres Bundesgliedes keine Hand gerührt haben würde. Duncker meint „schwerlich wäre den Spartanern gelungen, ihre Bündner zum zweiten Mal in diesem Jahr zum Auszug zu bringen“. Ich bin der umgekehrten Meinung. Ich glaube, erstens, daß es nicht richtig ist, historische Urtheile auf ein solches „schwerlich“ aufzubauen und wenn es denn einmal sein soll, so glaube ich, daß schwerlich die Spartaner eine Fehlbitte gethan haben würden, wenn sie ihren Bündnern schrieben: „der Gott hat die Athener verblendet und in unsere Hand gegeben. Die gesammte böotische Kriegsmacht übersteige den Kithäron; an demselben Tage seien die Peloponnesier auf dem Isthmus. Wenn es den Athenern wirklich gelingt uns alle Pfade über die Geraneia zu versperren, so werden wir sie zur See mit Korinthischen Schiffen umgehen. Wir werden dann das athenische Belagerungsheer von allen Seiten mit fünffacher Ueberlegenheit einschließen und vernichten. Mit einem Schlage werden wir den Krieg und alle unsere Leiden beendigt und die Tyrannis der Athener gebrochen haben*).“

*) Außerdem erhebt Duncker noch die Anklage (S. 431): „Wie überlegen die vereinigten attischen und thessalischen Reiter der böotischen Reiterei waren, auch sie wurden nicht ernsthaft verwendet; statt unablässiger Umschwärmung des feindlichen Lagers, Hinderung der Proviantirung kam es nur zu einem Gefecht bei Phrygia am Ostfuß des Aegaleos, im welchem die böotische Reiterei geworfen wurde.“ In Wirklichkeit sagt Thucydides, nachdem er schon vorher von einem nachtheiligen Gefecht athenischer Reiter berichtet (II, 19), in wörtlicher

Von den beiden Vorschlägen der Kritik haben wir den einen als recht verfehlt erkannt, den anderen, die Besetzung eines Küstenplatzes, zwar an sich nicht für unthunlich, aber keineswegs als geboten und nothwendig. Thätigkeit und Oekonomie der Kräfte scheinen mir daher in angemessener Weise beide beobachtet und vereinigt. Das erhellt noch mehr, wenn man die Leistungen der Gegenpartei vergleicht. Die spartanische Symmachie brachte ein gewaltiges Heer zusammen, aber auf nicht länger als fünf Wochen. In dieser Zeit verwüstete es einen Theil, vielleicht noch nicht einmal die Hälfte von Attika; dann ging es wieder auseinander. Es hatte nicht eins der attischen Grenz-Castelle zu nehmen vermocht. Den ganzen Sommer hindurch geschah garnichts

---

Uebersetzung (II, 22): „Reiter sandte er unabläſſig hinaus, damit nicht Streifereien vom feindlichen Heer in die Aecker nahe der Stadt geschähen und Schaden anrichteten; und es kam auch zu einem kurzen Reitergefecht bei Phrygia zwischen einer athenischen Reiterabtheilung und Thessalern gegen böotische Reiter, in welchem die Athener und Thessaler nicht im Nachtheil waren, bis sie Kehrt machten, als den Böotern die Hopliten zu Hülfe kamen. Es fielen von den Athenern und Thessalern nicht viele. Ihre Todten holten sie noch an demselben Tage ohne Vertrag. Am folgenden Tag stellten die Peloponnesier ein Siegeszeichen auf." Also nicht die Böoter, sondern die Athener wurden geworfen. Es kam nicht „nur" zu einem Gefecht, sondern unabläſſig (ἀεὶ) war die Reiterei draußen. Die Ueberlegenheit der athenischen Reiterei ist ein freier Zusatz. Danach bemesse man den Werth des Dunckerschen Urtheils. Die „Umschwärmung" des feindlichen Lagers will ich dabei nicht wörtlich nehmen. Das wäre natürlich in dem gebirgigen, rings eng umgrenzten Lande eine völlige Absurdität. Der Reiter, der sich den Rückweg zur Stadt abschneiden ließ, war verloren. Wer die Natur einer solchen Cavallerie-Operation kennen lernen will, der studire den Untergang der Sohr'schen Husaren-Brigade bei Versailles am 1. Juli 1815.

weiter. Im Herbst liefen die Korinther mit 40 Trieren und 1500 Hopliten aus gegen Akarnanien und Kephallenia, ohne etwas Wesentliches auszurichten. Hier glaube ich, kann die Kritik in der That einsetzen und die Frage aufwerfen, ob nicht die Spartaner, wenn sie denn einen Zug nach Thracien für ganz unmöglich hielten, wenn ihnen der Gedanke dauernder Festsetzung in Attika noch ganz fern lag, wenigstens nach Akarnanien hätten eine große Offensive unternehmen müssen. Auf athenischer Seite sehe ich keinen Grund zum Tadel und kann der Kritik, die mit stolzer Miene mehr verlangt, nur erwidern, daß bei doppelpoliger Strategie, was auch geschehe, immer noch Dies oder Jenes zu finden ist, was hätte auch noch gethan werden können. Zu widerlegen ist dann solche Forderung weiter nicht. Man kann nur achselzuckend entgegenhalten, daß die Kritik eben leicht ist und die Kunst schwer.

Die Ereignisse des zweiten Kriegsjahres sind kurz folgende: die Peloponnesier fallen von Neuem in Attika ein; in Athen bricht die Pest aus; Perikles führt eine große Flotte mit 4000 Hopliten und 300 Reitern nach Argolis; er macht einen Angriff auf Epidaurus, der schon zu gelingen scheint, aber im letzten Augenblick doch noch scheitert; er verwüstet die Küstengegenden, nimmt ein spartanisches Städtchen Prasiä und kehrt nach Athen zurück. Mit derselben Flotte fährt darauf Hagnon nach Potidäa, um das Belagerungscorps zu verstärken und die Stadt endlich mit Gewalt zu nehmen. Aber alle Versuche sind vergeblich. Durch die Pest um ein Viertel geschwächt, kehrt Hagnon nach Athen zurück. Nach dem Einfall der Peloponnesier sind die Athener durch die

Verheerung ihres Landes und die Pest so weit herunter, daß sie Gesandte nach Sparta schicken und um Frieden bitten. Er wird ihnen abgeschlagen. Auf eine ermuthigende Rede des Perikles stehen sie von diesen Versuchen ab. Sie ruhen aber nicht eher, als bis sie den Perikles, dem sie die Schuld an dem Kriege zuschreiben, mit einer Geldstrafe belegt haben. Bald nachher aber wählen sie ihn wieder zum Feldherrn.

Wir haben oben die Unternehmungen aufgezählt, auf die die Athener zur Schädigung ihrer Feinde verfallen konnten. Von allen erscheint der Versuch, eine feindliche Stadt zu erobern, die so groß war, einen eigenen Staat zu bilden, als die bei weitem bedeutendste und wirksamste. Jetzt wird sie in's Auge gefaßt. Epidaurus hatte noch die besondere Eigenschaft auf dem Wege nach Argos zu liegen. Argos war bis dahin neutral; tauchte aber einmal die Möglichkeit eines Bündnisses mit Argos und damit, etwa bei einer Spaltung in der spartanischen Symmachie, eines wirklichen Landkrieges auf, so war der Besitz von Epidaurus für Athen von nicht geringer Wichtigkeit. Wäre diese Eroberung gelungen, jeder Erfolg in Akarnanien, jeder noch so intensive Verwüstungszug, jede Besetzung eines messenischen Küstenplatzes wäre verschwunden dagegen. Mit dem Besitz von Epidaurus, welcher Trözen, Hermione, vielleicht gar Sikyon ein ähnliches Schicksal in Aussicht stellte, hätte Athen zwar gewiß noch nicht den Frieden, aber doch eine Friedensmahnung für alle Peloponnesier erlangt, die sich unausgesetzt geltend machte. Warum, mag man fragen, hat Perikles sich nicht gleich im ersten Feldzug zu einem so kräftigen Schlage entschlossen? Wir wissen es nicht. So wenig wir wissen, auf welche Umstände Perikles seine Hoffnung auf Ueberrumpelung der befestigten Stadt baute. War es ihm gelungen, verrätherische Einverständnisse anzuknüpfen, die im ersten Jahr noch fehlten? Oder galt das Unternehmen für so überaus verwegen, daß kein anderer Feldherr es sich zutraute und es im ersten Jahr also unterblieb, weil Perikles die Stadt Athen selbst nicht verlassen durfte, um die Bürgerschaft im Zaum zu halten? Natürlich nur während das Feldheer der Epidaurier selbst in Attika stand, konnte man an den Ueberfall ihrer Stadt denken. Im zweiten Jahr werden in Athen die unvernünftigen Ausfall-Gedanken nicht mehr so gefährlich gewesen sein und Perikles konnte deshalb in diesem Jahr die Stadt verlassen.

Schon hofften sie Epidaurus zu nehmen, aber es gelang ihnen nicht, sagt uns Thucydides. Vorauf geht der Satz, daß sie das Gebiet verwüsteten. Duncker fügt dem hinzu: „Wahrscheinlich wäre man weiter gekommen, wenn man ohne die Verwüstung den ersten Augenblick, die Ueberraschung verwerthet hätte.“ Eine Kritik, die wohl etwas zu billig ist, um richtig zu sein. Dazu braucht man kein General zu sein, um zu wissen, daß, wenn man überrumpeln will, man nicht vorher als Signal auf dem Wege die Häuser ansteckt. Ist wirklich die Verwüstung des Landes dem Ueberfall der Stadt voraufgegangen, so ist natürlich der Zusammenhang ein anderer: irgend eine Kriegslist, ein Hinterhalt, Versuch des Miteindringens mit Verfolgten oder dergleichen ist im Spiel gewesen. Wozu aber darüber grübeln? Wir wissen es nicht. Wir wissen nicht, ob durch irgend einen Fehler seitens des Perikles oder eines Untergebenen, eine falsche Berechnung oder einen bösen Zufall das Unternehmen gescheitert ist. Es kommt auch nicht darauf an. Nehmen wir ruhig an, es sei durch einen Fehler des Perikles selbst gescheitert: das Wesentliche besteht dennoch: daß nur ein Feldherr von hohem Wagemuth und echtem strategischen Unternehmungsgeist sich des Versuchs einer solchen That unterfangen konnte. Wie leicht konnte es geschehen, daß es einer Abtheilung, die glücklich hineinkam, dann doch noch erging, wie vor einem Jahr den Thebanern in Platää! Daß die Epidaurier im Straßenkampf die Oberhand behielten, sie abschnitten und vernichteten! Man bedenke immer, daß Epidaurus eine Stadt ist mit einem größeren Gebiet als Megara. Nur ein Feldzug in der ersten Periode des peloponnesischen Krieges erscheint noch großartiger angelegt, das ist der Doppelangriff auf Böotien im Jahre 424. Aber für ein solches Unternehmen existirten im Jahr 430 die Vorbedingungen noch nicht und auch dieser Feldzug ist den Athenern mißlungen; er zog ihnen die Niederlage von Delion zu. Perikles machte nach dem mißglückten Versuch auf Epidaurus noch einige Landungen an der Küste von Argolis und Kynurien zum Zweck der gewöhnlichen Verwüstungen und kehrte dann nach Athen zurück. In der Stadt, wie auf der Flotte wüthete die Pest. Hier setzt nun Pflugk-Harttung mit folgender Kritik ein: „Da die Menschen doch verkamen, hätten sie mit den Waffen in der Faust auf den Peloponnes geworfen werden können, um auch dorthin nicht nur den Krieg, sondern mit allen Mitteln den gefährlichsten Verbündeten Athens, die Pest ins Land zu schleudern und in ihrer ganzen Wuth möglichst überall hin zu verbreiten — man sah ja, daß die Krankheit ansteckend wirkte. Die dumpfe Verzweiflung hätte bei geschickter Führung zur gesteigerten Thatkraft werden können." Es ist in der That bedauerlich, daß Perikles die hier geschilderte Kunst, gesteigerte Thatkraft zu erzeugen, nicht ausgeübt hat. Welch ein Beispiel hätte er damit allen späteren Feldherren gegeben! Wie anders hätte Napoleon im Jahr 1813 dagestanden, wenn er statt seine 500 000 Mann in Rußland todtfrieren zu lassen, ihre Verzweiflung in Thatkraft verwandelt und ihnen einen ehrlichen Tod auf dem Schlachtfelde gegönnt hätte! Sterben mußten sie ja doch — hätte nun jeder Franzose nur noch einen Russen mit ins Grab genommen, so hätte auch der Kaiser Alexander kein Heer mehr gehabt und Napoleon wäre Weltherrscher geblieben. Ja zum zweiten Mal hätte er sich mit diesem einfachen Mittel retten können, wenn er die Krieger, die ihm auf dem Rückzug von Leipzig an der Pest dieser Epoche, dem Nervenfieber starben, mit dem Säbel in der Faust in den Feind geführt hätte! Daß die rettenden Gedanken der Menschheit doch so spät offenbart werden! Pflugk-Harttung sagt uns in seiner Vorrede „daß er durch den Krieg gegen Frankreich, an dem er theilnahm, praktische, durch die Lektüre militärischer Werke einige theoretische Kenntnisse in der Wissenschaft des Krieges erlangt" habe. Woher mag er wohl den Gedanken von der Erzeugung gesteigerter Thatkraft durch die verzweifelte Pest entnommen haben? Aus seiner Lectüre militärischer Werke kann er nicht stammen, denn militärische Werke, in denen dergleichen zu lesen wäre, giebt es nicht. Wir haben oben schon den Satz von ihm kennen gelernt, daß ein Feldherr die Eigenthümlichkeit seines Volkes, sich nach verlorenen Schlachten wieder aufzuraffen, benutzen müsse. Auch diesen Gedanken habe ich noch in keinem militärischen Werke weder des Alterthums noch der Neuzeit gefunden. Er muß aus derselben Quelle stammen: klärlich eben der in der Einleitung vom Verfasser selbst angegebenen, der praktischen, dem Kriege von 1870, an dem er Theil nahm. Der kriegerische Kritiker hat offenbar 1870 in Frankreich die Journale der Partei des Krieges bis aufs Messer gelesen. Hier erfuhr man, was ein tapferes Volk leisten könne, wenn es nur wahre Feldherrn habe. Hier wurde täglich das Gesetz des wahren strategischen Heldenmuthes verkündigt, daß die Pariser aus ihrem Hunger ihre Thatkraft schöpfen, und im Massen-Ansturm mit dem Säbel in der Faust den Einschließungsring sprengen müßten. Hunger, Frost, Pest im Leibe: was müssen solche Krieger — unter richtiger Führung natürlich — nicht leisten! Wenn das Volk von Einem sagt, der hat den Teufel im Leibe, so meint es gewiß nichts anderes. Und wie haben die französischen Generale die Eigenthümlichkeit ihres Volkes, sich nach verlorenen Schlachten wieder aufzuraffen, zu benutzen gewußt! Immer wieder ließen sie sich schlagen! Dies sind die erhabenen Vorbilder, von denen auch die historisch-militärische Kritik ihren Maßstab zu entnehmen und als unerbittliche Richterin die Feiglinge, die hinter ihnen zurückbleiben, zu verurtheilen hat! Der Stümper — der Perikles!

Verhehlen wir aber nicht: es giebt für Pflugk-Harttung eine Entschuldigung. Wenn er auch nicht gerade solche Ausdrücke gebraucht, und nicht verlangt, daß Perikles auch den Feinden die Pest, die die Athener so sehr plagte, hätte einimpfen sollen: im Grunde sagt Duncker doch sehr Aehnliches wie Pflugk-Harttung. Auch bei Duncker findet man leider den Satz (S. 450): „Sollte nun aber einmal gestorben sein, so war es doch besser den Schlachtentod als diesen elenden Tod an der Pest zu finden."

Ich mache mich darauf gefaßt, daß die Leser in meinem Capitel „Friedrich der Große als Feldherr" die Farbe doch etwas gar zu stark aufgetragen gefunden haben. Ich hoffe, daß je weiter sie in der Lectüre fortgeschritten sind, sich dieser Tadel mehr und mehr abgeschwächt hat und habe nicht den geringsten Zweifel, daß jetzt Jedermann sagen wird, es sei gar keine Parodie, sondern eine einfache Imitation, beinah ein Plagiat.

Wenn man in der Kriegsgeschichte von einer Thatkraft spricht, die durch die höchste Verzweiflung gesteigert worden sei, so meint man solche Fälle, wo Aussicht vorhanden war, sich durch die gesteigerte Energie von dem Leiden zu befreien; man wird hauptsächlich belagerte Städte, mit der Unterjochung bedrohte freiheitsliebende Völker, also Vertheidigungen im Auge haben. Auch hier giebt es aber gewisse Grenzen, die enger sind als man so im Allgemeinen meint. Es kommt vor, daß Besatzungen erstürmter Plätze sich endlich, statt bis zum Schluß zu fechten, widerstandslos hinmorden lassen. Die tapfere französische Armee von 1870 war durch Einschließung und Entbehrungen in wenigen Wochen in Metz so weit herunter, daß die Generale nur noch die Garde für gefechtsfähig erklärten. Ja, die Beispiele sind nicht selten, daß Truppen, die in der Gefangenschaft der sichere Tod erwartete, sich dennoch ergeben haben. Von den Schweizern war es bekannt, daß sie ihre Gefangenen nicht verschonten: dennoch findet man im 14. und 15. Jahrhundert immer wieder Fälle, daß feste Plätze vor ihnen capitulirten, und die schweizerische Besatzung von Granson ihrerseits ergab sich Karl dem Kühnen, obgleich nichts sicherer war, als daß ihrer als Strafe für ihre gräßlichen Unthaten bis auf den letzten Mann der Tod von Henkershand harre*). Auch die Capitulation des athenischen Heeres in Sicilien unter Nikias gehört wohl hierher. Alles dieses sind Truppen in der Defensive. Die Offensive wird durch körperliche oder moralische Leiden unbedingt gebrochen. Kein Führer, nicht einmal bei disciplinirten Soldaten, geschweige bei einem Bürgerheer, ist im Stande mit hungernden, frierenden, moralisch gedrückten und verängstigten Truppen Offensiv-Operationen zu machen, die Initiative, Entschluß, Zuversicht erfordern.

Plutarch berichtet, daß der Angriff auf Epidaurus wegen der Pest gescheitert sei und Egelhaaf hat die Nachricht acceptirt. Ich glaube nicht, daß man das thun darf. Plutarchs Nachricht ist als Zeugniß werthlos; es mag eine eigene Combination des Autors sein. Nach den Worten des Thucydides ist ein wirklicher Versuch der Ueberrumpelung gemacht worden („πρὸς τὴν πόλιν προςβαλόντες ἐς ἐλπίδα μὲν ἦλθον τοῦ ἑλεῖν“); wenn man einmal so weit war, so konnte die Krankheit schwerlich noch eine Rolle spielen. Man müßte denn annehmen, daß plötzlich in der Sturmkolonne eine so

---

*) Daß ihnen Schonung versprochen sei, ist eine Erfindung. Vgl. meine „Perser- und Burgunderkriege“.

große Anzahl zugleich von der Krankheit befallen wurde, daß die Uebrigen den Muth verloren.

Wie dem auch sei, als sicher dürfen wir annehmen, daß die Rückkehr der Expedition nach Athen durch nichts anderes als durch die Pest veranlaßt wurde, die die Mannschaft fortwährend decimirte.

Für die weiteren Ereignisse ist die Kritik übel daran, dadurch, daß sie keine Sicherheit mehr hat über die Stellung und den Einfluß, den Perikles noch besaß und übte. Er ist angeklagt, verurtheilt, nicht mehr zum Strategen gewählt, dann doch wieder gewählt, an die Spitze des Staates gestellt, erkrankt und am Ende des dritten Kriegs-Sommers gestorben. In welchen Zeiträumen aber sich diese Dinge vollzogen haben, wissen wir nicht. Grote nahm an, daß die Rehabilitation schon ganz kurze Zeit nach der Verurtheilung stattgefunden, so daß Perikles noch etwa ein Jahr Athen geleitet und auch für den dritten Feldzug als der Verantwortliche anzusehen sei. Andere, namentlich Duncker nehmen an, daß er erst wenige Wochen vor seinem Tode wieder in's Amt getreten sei (Anf. August 429).

Für die Beurtheilung des Perikles scheint es demnach, mag man die Leistungen Athens in dieser Epoche loben oder tadeln wollen, geboten, von ihnen abzusehen. Umgekehrt wird jeder Forscher je nach seinem Gesammt-Urtheil über Perikles und seiner sachlichen Auffassung des Feldzuges von 429, sich entscheiden, ob er etwas von dem Geiste des Mannes in dem Feldzuge verspürt oder nicht. Um nach dieser Seite unsere Untersuchung zu vervollständigen, wollen wir auch unsere kritische Betrachtung bis zum Feldzug von 429 fortführen.

Die Flotte, mit der Perikles von seiner Expedition, die statt zu einer großen Eroberung zu führen, zu einem gewöhnlichen Verwüstungszuge herabgesunken war, heimkehrte, wurde sofort unter einem anderen Feldherrn wieder abgeschickt zur Verstärkung des Belagerungsheeres vor Potidäa. Warum?

Nach Pflugk-Harttung existirt ein rationeller Zusammenhang überhaupt nicht. Perikles hat das Gefühl gehabt „daß etwas gethan werden müsse, er wisse aber nicht was". „Die leitenden Männer in Athen müssen offenbar den Kopf verloren, nicht mehr recht gewußt haben, was sie thaten."

Auch Duncker giebt keinen eigentlichen Causal-Zusammenhang. Er läßt in Folge des „kläglichen Ausgangs" der großen Armada den Sturm gegen Perikles losbrechen*). „Die Stimmung war von so heißer Erbitterung, daß die Flotte, welche soeben eingelaufen war, sofort wieder in See gehen mußte, um bessere Thaten zu verrichten." Warum aber ging sie gerade zur Verstärkung nach Potidäa? Wenn die Athener wirklich mit den Erfolgen der Armada unzufrieden waren, warum schickten sie sie nicht an die Küste Lakoniens zurück?**)

---

*) Duncker sagt S. 453 Anmk. „Plutarch, Perikl. 35 hebt als Hauptgrund der Erbitterung gegen Perikles das Scheitern vor Epidaurus hervor." Das ist unrichtig. Plutarch erzählt den Mißerfolg vor Epidaurus „.... ἀπέτυχε διὰ τὴν νόσον· ἐπιγενομένη γὰρ οὐκ αὐτοὺς μόνον ἀλλὰ καὶ τοὺς ὁπωσοῦν τῇ στρατιᾷ συμμίξαντας προσδιέφθειρεν. ἐκ τούτου χαλεπῶς διακειμένους τοὺς Ἀθηναίους πρὸς αὐτὸν" κτλ. Daß sich das „ἐκ τούτου" speciell auf den Mißerfolg vor Epidaurus bezieht, ist nicht nöthig. Etwas Anderes ist, ob nicht Perikles, wenn er hier einen großen Erfolg davongetragen, die Mißstimmung überwunden hätte.

**) Besonders Gytheion scheint Duncker ein vorzügliches Object für

Wenn wir uns einmal auf's Rathen legen wollen, so scheint folgende Construction die natürlichste. „Nach dem zweiten Einfall der Peloponnesier“ also zu derselben Zeit, als Perikles mit der Armada zurückkehrte, gewannen seine Gegner in Athen die Oberhand und beschlossen, die Spartaner um Frieden zu bitten. Wenn sie das thaten, konnten sie nicht gleichzeitig sie angreifen; es war aber sehr wichtig, daß beim Friedensschluß Potidäa wieder in athenischen Händen war. Deshalb der Beschluß, womöglich Potidäa nicht durch die langwierige Aushungerung, sondern mit verstärktem Belagerungsheer durch förmlichen Angriff zu nehmen. Vielleicht hat auch eine unbestimmte Hoffnung, daß in eine so entfernte Gegend die Pest dem Heere nicht folgen werde, mitgewirkt.

Unter diesem Gesichtspunkte erscheint der Beschluß folgerichtig und zeigt rein militärisch betrachtet keinesfalls Schwäche, eher Entschlossenheit. Der Ausgang aber war ihm ungünstig. Potidäa zu nehmen gelang nicht; die Pest aber ließ das Heer auch hier nicht los.

Für unsern Zweck hat die Frage nur insoweit Interesse, als es sich darum handelt, ob Perikles das Unternehmen mit zu verantworten hat und ob in ihm eine indirecte Verurtheilung seines voraufgehenden Feldzuges liegt. Diese letztere Frage ist völlig zu verneinen; die erste muß mit stärkerer Neigung zur Verneinung dahingestellt bleiben.

---

eine athenische Expedition. Wenn wir das heute erkennen, daß Gytheion besonders exponirt war — sollte es zu viel vermuthet sein, daß auch die Spartaner es erkannt und deshalb durch besondere Vorsichtsmaßregeln den Platz gesichert haben?

Nach der Rückkehr der Verstärkungs-Flotte von Potidäa, welche nach der allgemeinen Annahme im Juli erfolgte, wurde in diesem Jahr (430) überhaupt keine offensive Unternehmung mehr von den Athenern in's Werk gesetzt. Gelegenheit dazu wäre wohl gewesen. Denn die Peloponnesier griffen mit 100 Trieren und 1000 Hopliten die Insel Zakynth an und die Ambrakioten das amphilochische Argos. In beiden Fällen erwehrten sich die Angegriffenen ihrer Feinde auch ohne die Hülfe der Athener. Ohne darüber etwas Bestimmtes behaupten zu wollen, scheint doch die Möglichkeit nahe zu liegen, daß die Athener plötzlich mit einer Flotte erschienen und sei es den peloponnesischen Trieren, sei es den Ambrakioten ein Treffen lieferten.

Im Herbst stationirten die Athener eine Flotte von 20 Schiffen unter Phormion in Naupaktus, um den korinthischen Meerbusen zu schließen. Diese Maßregel erscheint so natürlich, daß man fragt, warum sie nicht vom ersten Tage des Krieges an getroffen wurde; den Handel der peloponnesischen Städte zu unterbinden, war doch eines der wichtigsten Kriegsmittel Athens. Eine positive Antwort darauf ist nicht zu geben. Vor Allem muß man immer an die Kosten denken. Jedes Schiff kostete allein an Besoldung monatlich etwa ein Talent, 20 Schiffe auf ein Jahr also 240 Talente. Das ist mehr als die Hälfte der gesammten jährlichen Bundessteuer [460 Talente*)]. Ohnehin werden sich pelo-

*) Nach den neusten Untersuchungen von Busolt im Philologus Bd. 41 und Beloch im Rhein. Mus. Bd. 39 war der thatsächliche Eingang, wenigstens nach der Annexion Aeginas, noch erheblich geringer, etwa 400 Talente jährlich. Aus den Zöllen und anderen Quellen mag

ponnesische Handelsschiffe nicht mehr viel herausgewagt haben und die Flotte in Naupaktus wurde wohl nicht bloß wegen der Blokade, sondern weil sich hier in der Gegend ein wichtiger Nebenkriegsschauplatz zu bilden anfing, aufgestellt.

Im dritten Jahr (429) unternahmen die Athener garkeine Offensive. Sie unterhielten, nachdem Potidäa endlich capitulirt hatte, ein Heer von 2000 Hopliten und 200 Reitern in der Chalkidike, um hier ihre Autorität wieder vollständig herzustellen, erlitten aber bei Spartolus eine Niederlage und thaten nichts, die Scharte wieder auszuwetzen. Das geschlagene Heer kehrte nach Athen zurück. Im Herbst gestalteten sich die Verhältnisse ungemein günstig für die Athener. Der thracische König Sitalkes brach als ihr Bundesgenosse mit einem gewaltigen Heer in Macedonien und in die Chalkidike ein. Die Athener aber waren statt mit Schiffen, Soldaten und Proviant, nur mit Gesandten und Geschenken zur Stelle, so daß Sitalkes ohne dauernden Erfolg wieder abzog.

Auf dem akarnanischen Kriegsschauplatz unternahmen die Peloponnesier eine große Offensive zu Lande und zu Wasser. Sie wurden zu Lande von den Akarnanen und zur See in zwei Schlachten von dem athenischen Geschwader unter Phormion besiegt. Von dem Ruhm dieser Siege gebührt jedoch nichts der strategischen Oberleitung in Athen.

---

die Gesammt-Einnahme auf die in den Thucydides-Handschriften angegebenen 600 Talenten gebracht worden sein. Während des Archidamischen Krieges haben die gesammten Kriegskosten, wie mir Beloch richtig zu berechnen scheint, jährlich im Durchschnitt gegen 1500 Talente betragen; in den letzten Jahren etwas weniger. Vgl. aber hierzu jetzt Bauer in dem cit. Jahresber. S. 128.

Diese beging vielmehr den Fehler, der Verstärkung, die Phormion erbat und deren er dringend bedurfte, einen Nebenauftrag zu ertheilen, eine unterwegs auszuführende Landung auf Kreta, in Folge deren sie zu spät kam. Nur der ungemeinen Entschlossenheit und Geschicklichkeit Phormions war es danken, daß er dennoch sich behauptete und sogar einen vollständigen Sieg erfocht.

In diesem Jahr begannen die Peloponnesier die Belagerung Plataäs. Die Plataer fragten in Athen an, ob sie einen Neutralitäts-Vertrag, der ihnen angeboten wurde, abschließen oder sich vertheidigen und auf die Hülfe Athens rechnen sollten. Die Athener sagten in feierlicher Weise ihre Hülfe zu, ohne je einen Schritt dafür zu thun und ohne daß man auch nur absehen könnte, wie eine solche Hülfe möglich gewesen wäre.

Um den verschiedenen strategischen Charakter der einzelnen Abschnitte in den drei ersten Kriegsjahren richtig zu würdigen, muß man die beiden Thatsachen, daß die Athener in den Seeschlachten im korinthischen Meerbusen siegten und ebenso, daß das Unternehmen gegen Epidaurus scheiterte, eliminiren. Denn an dem Verdienst jener Seesiege hatte die strategische Oberleitung in Athen keinerlei Antheil und daß das Unternehmen gegen Epidaurus nicht gelang, nimmt ihm von seinem strategischen Werth sehr wenig.

Unter richtiger Berücksichtigung dieser Umstände erkennt man bald, daß die dreijährige Periode in zwei deutlich getrennte Abschnitte zerfällt von je anderthalb Feldzügen. Der erste Abschnitt, bis zur Expedition des Hagnon nach Potidäa reichend, hat das Gepräge einer entschlossenen, einheitlichen

Leitung: Potidäa wird mit einem bedeutenden Heer eingeschlossen, zwei große Flotten beunruhigen und schädigen ringsum alles feindliche Land, die wichtigen Inseln Zakynth und Kephallenia werden dem athenischen Bündniß zugeführt, ein Landfeldzug legt das Gebiet von Megara wüste, um ein Weniges und eine Stadt wie Epidaurus wäre in der Hand der Athener gewesen. Auch der zweite Abschnitt zeigt keineswegs Zaghaftigkeit: der Versuch Potidäa mit Gewalt zu nehmen, ist energisch genug; vielleicht muß man diesen Anlauf aber noch zum ersten Abschnitt rechnen. Die dauernde Stationirung der Flotte in Naupaktus, die Fortsetzung des Kampfes in der Chalkidike, das Ausgreifen nach Kreta, das Hülfsversprechen an Platää sind Alles keine Beschlüsse des Kleinmuths: keiner dieser Beschlüsse aber ist in sich folgerichtig durchgeführt und bildet mit den anderen zusammen eine Einheit. Vortrefflich war die Flotte in Naupaktus, aber sie mußte eintretenden Falls unterstützt werden: die abgesandte Hülfe kommt zu spät. Das Heer in der Chalkidike, vielleicht von Anfang an zu schwach, erleidet eine Niederlage: sofort wird es, statt verstärkt zu werden, zurückgezogen und als der mächtige Alliirte, Sitalkes erscheint, sind keine Athener da, um seine Kraft zu benutzen und im richtigen Augenblick wieder zu zügeln. Das Versprechen an Platää stand im Widerspruch mit der strategischen Grundidee des Krieges. Nicht minder die Expedition nach Kreta, wohin durchaus kein Grund vorlag während des Krieges die athenische Machtsphäre auszudehnen.

Sollte es Zufall sein, daß diese beiden Abschnitte der Kriegführung getrennt werden durch den Sturz des Perikles?

Sie werden freilich auch getrennt durch die Pest, und diese genügt gewiß vollauf, die negative Erscheinung zu erklären, das fast vollständige Erlahmen der Offensive. Sie genügt aber nicht das Versprechen an Platää, die Expedition nach Kreta, die schwankende Politik in Thracien zu erklären.

Zu beweisen ist es freilich nicht, daß Perikles an all Diesem unschuldig ist. Er ist ja noch einmal zum Strategen gewählt worden; die „Athener übergaben ihm Alles", sagt ausdrücklich Thucydides. Spätestens im August 429 hat er sein Amt von Neuem angetreten und gerade in diese Zeit fällt die Expedition nach Kreta. Im October oder schon im September ist Perikles gestorben.

Diejenigen, welche den Thucydides in Verdacht haben, daß er dem Perikles zu Liebe seine Darstellung gefärbt habe, nehmen an, daß er gerade deshalb den Tod und die Charakteristik seines Helden unmittelbar an die Verurtheilung angeschlossen habe, um ihn außer Berührung mit den Fehlern des nächsten Jahres, das er doch noch mit erlebt und für die er mit verantwortlich war, zu bringen.

Diejenigen, deren Geist durch solchen Argwohn nicht verwirrt ist, erkennen leicht, daß Thucydides mit seinem Helden an jener Stelle abschloß, weil Perikles, obgleich ihm die Athener noch einmal „Alles übergaben", doch zu einer eingreifenden Wirksamkeit nicht mehr gelangt ist; die Erklärung giebt uns Plutarch*): nur ganz kurz hat, wie wir sahen, Perikles sich noch einmal in seinem leitenden Amte

*) Schon Gilbert, Beiträge zur inneren Geschichte Athens S. 121 hat den Zusammenhang ebenso aufgefaßt.

befunden und er starb „nicht plötzlich und an der acuten Pest, sondern an einer schleichenden Krankheit, die in mannichfachem Wechsel sich lange hinziehend Körper und Geist allmählich untergrub".

Weshalb hat uns Thucydides das nicht selbst gesagt und sich dadurch gegen falschen Verdacht gedeckt? Weil der echte aus den Tiefen der Wahrheit geborene Geist des Geschichtschreibers sein Werk schafft nach den inneren Gesetzen seiner Kunst und den Verdacht, gegen den er sich schützen soll, zu tief unter sich sieht, um sich mit ihm zu befassen.

8. Ursprung und Einleitung des Peloponnesischen Krieges.

Der feste Punkt, von dem die Kritik auszugehen hat, mußte in dem Kriege selbst gefunden werden. Erst von hier aus lassen sich nun auch über die einleitenden Vorgänge richtige Werthurtheile gewinnen.

Der Peloponnesische Krieg hatte seinen letzten Grund in der Uebermacht Athens, welche die anderen selbständigen Staaten mit Furcht erfüllte. Den nächsten Anstoß zum Kriegsausbruch aber gaben Korkyra, Potidäa und Megara.

Korkyra, das selbst über eine erhebliche Seemacht verfügte, lag in Streit mit Korinth und erbat die Hülfe Athens. Verweigerte Athen die Hülfe, so war Gefahr, daß Korkyra vollständig überwältigt werde und Korinth im Westen eine maritime Stellung gewinne, die Athen in dem unzweifelhaft nahenden großen Kriege sehr gefährlich werden konnte. Trat aber Athen auf die Seite Korkyra's, so gerieth es in Conflict mit Korinth und provozirte damit auf der Stelle den großen allgemeinen Krieg. In diesem Dilemma schlossen die Athener kein Schutz- und Trutz-, sondern ein bloßes Defensiv-Bündniß mit Korkyra. Sie sandten ihm zunächst 10 Trieren zu Hülfe und als die Korinther trotzdem mit einer großen Flotte zum Angriff schritten, sandten die Athener 20 weitere Schiffe. Diese Letzteren trafen gerade ein, als die Korinther im Begriff waren, die Korkyräer in der Seeschlacht von Sybota zu überwältigen. Die Dazwischenkunft der Athener verhinderte das Aeußerste; ihrerseits aber gingen die Athener nicht zum Angriff vor, sondern ließen die Korinther ungefährdet den Rückzug antreten. So hatten auch schon jene ersten zehn Schiffe in der Schlacht die Korkyräer anfänglich nur indirect durch Manöver unterstützt und erst als die Noth aufs höchste gestiegen war, activ eingegriffen.

Duncker erklärt dies Verfahren für „umsichtig und klug, wenn auch nicht weitsichtig“ (S. 318). Auch der Mittelweg, den Athen einschlug, scheint ihm schon ein „gewagter Schritt“ (S. 317). Für das Richtigste aber hätte er es mit Pflugk-Harttung gehalten, wenn die Athener sofort 100 Trieren abgesandt hätten, weil dann die Korinther den Kampf überhaupt nicht gewagt haben würden. Pflugk-Harttung erkennt darin, daß das nicht geschah „wieder als Grundzug jenes Zurückweichen des Perikles vor jeder energischen Handlung“. Perikles hatte die allzufeine Berechnung, daß die beiden Seemächte der Korinther und der Korkyräer sich gegenseitig aufreiben sollten und diese „überfeine athenische Politik, die dadurch bedingte Unsicherheit hat alles verdorben“.

In dieser Darstellung ist unerfindlich, in wiefern durch den Verlauf der Dinge etwas „verdorben“ worden sein soll. Der peloponnesische Krieg ist zwar nicht aufgehalten, aber auch nicht beschleunigt worden, und der Wunsch, Korkyra und Korinth sich gegenseitig ruiniren zu lassen, ist recht schön in Erfüllung gegangen: beide hatten sich erheblich geschwächt; die Korkyräer freilich noch mehr, aber das machte bei der unverhältnißmäßigen maritimen Ueberlegenheit Athens nichts aus. Nicht darauf war es den Athenern angekommen, die korkyräische Flotte in möglichster Stärke für sich zu gewinnen, sondern die Kraft Korkyras nicht dem Feinde zuwachsen zu lassen. Wäre Athen sofort mit 100 Schiffen auf dem Kriegsschauplatz erschienen, so hätten die Korinther die Seeschlacht nicht gewagt und ihre Flotte unversehrt erhalten. Was hätte Athen dann für einen Vortheil gehabt? Jetzt war sie erheblich reducirt; das war Athens Wunsch, und der Verlust Korkyras für Athen wenigstens kein Schade.

Nun hat die Ueberlieferung aber noch ein Moment, das wir bisher übergangen haben. Wir erfahren, daß zwei Volksversammlungen gehalten werden mußten, daß in der ersten die Korinther nahe daran waren durchzudringen (mit der Bitte, daß Athen sich neutral verhalten möge) und erst in der zweiten, statt des Schutz- und Trutz-Bündnisses das bloße Defensiv-Bündniß mit den Korkyräern angenommen wurde. Duncker hat hieraus in Combination mit anderen Nachrichten geschlossen, daß Perikles eine starke Opposition zu überwinden gehabt habe und daß das Defensiv-Bündniß einen Vermittlungs-Antrag vorstelle. Perikles würde also eigentlich das volle Bündniß gewollt haben und damit vereinigt sich sehr gut, daß er noch im letzten Augenblick 20 Trieren Verstärkung nachschickte. Nur um zwölf Stunden kamen diese zu spät; wären sie rechtzeitig gekommen, so hätte sicherlich die Seeschlacht garnicht stattgefunden oder die Korinther hätten eine Niederlage erlitten. Perikles hat also für das, was verfehlt wurde, was hätte mehr erreicht werden können, keine Verantwortung, da er nicht in voller Freiheit handelte. Nach seinen Ideen hätten, wenn wir die weiteren Consequenzen der ihm untergelegten Ansicht ziehen, die Athener sich nicht mit der bloßen Rettung der Korkyräer begnügt, sondern sobald ihre Verstärkung ankam, die Schlacht wieder aufgenommen und die korinthische Flotte womöglich vernichtet.

Die Möglichkeit dieses Zusammenhanges ist nicht wohl zu bestreiten, wir hätten damit eine Politik, so verwegen und rücksichtslos, wie sie nur je eines Themistokles Geier- und Falkenblick erspäht hat. Die ganze Persönlichkeit des Perikles aber macht mir einen anderen Zusammenhang wahrscheinlicher. Ich halte es doch sehr für möglich, daß er von Anfang an nichts anderes als das Defensiv-Bündniß empfohlen hat, aber aus anderen Motiven, als die, die für die Athener endlich den Ausschlag gaben. Der alte Satz, daß wer die Menge leiten will, sich nicht einbilden darf, sie durch die eigentlich letzten, wahren Motive zu leiten, wird uns ja in unseren Tagen besonders deutlich gemacht. Perikles würde, wenn unsere Vermuthung richtig ist, eine Rechnung gemacht haben, die sich nachher nicht erfüllt hat. Man sieht, wir schreiben keine sogenannte Rettung.

Die Korkyräische Verhandlung fand statt zwei volle Jahre vor dem wirklichen Beginne des Krieges (ich rechne vom Juni 433 bis zur ersten Invasion des Archidamus Juni 431). Gewiß sah Perikles schon damals den „Krieg vom Peloponnes“ heraufziehen. Dennoch empfahl er das bloße Defensiv-Bündniß, um Korkyra vor dem wirklichen Untergang zu sichern und doch den Krieg womöglich, wie man heute sagt, zu „localisiren“. So erhitzt wie die Leidenschaft einmal war, war friedliche Beilegung aussichtslos. Wie es aber der Charakter dieser griechischen Kantone mit sich brachte: wenn die Leidenschaft sich erst in einem tüchtigen Gefecht einmal entladen hatte, so gab man Worten des Friedens eher Gehör. Diese Rechnung hat diesmal getrogen. Die Korinther haben sich mit ihrem Siege von Sybota nicht zufrieden gegeben; andere Reibungs-Stellen geriethen auch gerade in's Glimmen und so hat sich der allgemeine Krieg doch an dieser korkyräischen Angelegenheit entzündet. Kein Bewunderer des Perikles aber braucht es zu verhehlen, daß seine Rechnung hier — wenn anders er wirklich so gedacht hat — nicht eingetroffen ist.

Ueber die Pflugk-Harttung'sche Kritik braucht man sich auf der anderen Seite auch nicht zu wundern. Jede Politik die einen Mittelweg nimmt, ist der Gefahr ausgesetzt von einem Eiferer in einem geringschätzigen Ton charakterisirt zu werden. Denn ob dieser Mittelweg wirklich aus wohldurchdachten Verstandesgründen, oder aus Schwächlichkeit eingeschlagen ist, ist so mit einem bloßen militärischen Augenhinwerfen nicht zu unterscheiden. Daß auch einmal, nach Clausewitz' Ausdruck, die „halbe Maßregel die treffendste

Klugheit" sein kann, ist immer leicht zu bestreiten und schwer einzusehen. In welchen Ausdrücken müßte man aber von Friedrich dem Großen in der Epoche der ersten Schlesischen Kriege reden, wo er ebenfalls einen Mittelweg zu halten suchend, immer wieder ansetzte und immer wieder zurückzog, wenn man jedes Nicht-Stimmen in seiner Rechnung im Tone des Vorwurfs behandeln wollte? Auch der Siebenjährige Krieg hatte, wie wir sahen, seinen letzten Grund in einem falschen Calcül. In dieser Thatsache ist, wie allenthalben, unser parodistisches Capitel um kein Haar breit über die Wahrheit hinausgegangen; so wenig wie darin daß Preußen von der Macht, von der es in den Krieg hineingezogen wurde, nachher nicht in der erwarteten Weise unterstützt worden ist: England hat Preußen in der höchsten Noth im Jahre 1757 im Stich gelassen und die dringend begehrte englische Flotte in der Ostsee zum Schutz gegen die Russen niemals gewährt. Aehnlich hat Korkyra Athen nachher im Lauf des Peloponnesischen Krieges verlassen.

Alle solche Fehlnisse sind aber für den Staatsmann keineswegs Unverzeihlichkeiten, dürfen nicht einmal im Tone des Tadels vorgetragen werden. Perikles konnte 433 noch nicht wissen, ob der Kriegsausbruch sich noch zwei oder drei oder mehrere Jahre hinziehen würde. Jedes Jahr weiteren Friedens war aber ein unschätzbarer Gewinn und es wäre nicht das schlechteste Zeugniß für die Gesinnung wie für die politische Gewandtheit des großen Mannes, daß er die feine Linie fand, welche noch weiter die Friedenshoffnung mit den unabweisbaren politischen Interessen Athens (der Erhaltung Korkyras gegen Korinth) verband und sich auch taktisch eignete die athenische Volksversammlung auf ihr hinzuleiten.

Man sieht in wie verschiedene Möglichkeiten man gerathen kann, wenn man über das, was wirklich überliefert ist, hinaus, sich in Wahrscheinlichkeits-Constructionen ergeht. Ueberliefert ist nur, daß die Athener nach einigem Schwanken das bloße Defensiv-Bündniß schlossen, in der Hoffnung, daß die Korinther und Korkyräer sich gegenseitig aufreiben sollten. Was Perikles dabei dachte und that, wissen wir nicht. Da haben wir nun die drei Möglichkeiten gefunden,

erstens, daß jenes wirklich ganz und gar seine Politik war, die, ohne daß man sie gerade als tiefsinnig bezeichnen kann, doch so ziemlich ihren Zweck erreichte;

zweitens, daß er weit darüber hinausgehend ein volles Bündniß schließen wollte, um vielleicht die Korinthische Seemacht völlig zu vernichten, seinen Plan aber nicht durchsetzte;

drittens, daß er durch die Mittelstellung diesen Krieg localisiren, den allgemeinen Krieg hinausschieben wollte. Das wäre ihm mißlungen, darum aber nicht minder fein und groß.

In unmittelbarem Zusammenhang mit dem korkyräischen Bündniß steht ein anderer politisch-militärischer Schachzug, welchen Duncker wenigstens von den Gegnern des Perikles geradezu als „Tollkühnheit" charakterisiren läßt. Das ist nun zwar sehr übertrieben, auch der Thatbestand nicht einmal ganz sicher, aber die Aeußerung gerade aus diesem Munde doch wohl bemerkenswerth. Es handelt sich um Bündnisse, welche Athen mit den unteritalisch-sicilischen Städten Rhegium und Leontini schloß (433/32). Wir kennen diese Bündnisse aus einer gelegentlichen späteren Erwähnung bei Thucydides und aus den Original-Urkunden, zwei Inschrift-Fragmenten. Duncker nimmt an, daß in diesen Bündnissen der Ansatz zu der späteren großen Expedition nach Sicilien gegeben sei; gerade deshalb habe Thucydides, um seinen Helden ja von jeder Verantwortung für dieses verderbliche Unternehmen zu entlasten, den Abschluß des Bündnisses an der richtigen Stelle übergangen. Das ist in jeder Beziehung zu viel geschlossen; wir wissen nicht, wie weit die Verpflichtungen gingen, die die Athener mit dem Bündniß übernahmen, ob es ein Bündniß auf die Dauer, auf Zeit, auf einen bestimmten Fall, mit beschränkter oder unbeschränkter Hülfeleistung war. Wir wissen nicht wie Perikles dazu stand; H. Droysen*) hat eine größere Combination auf die Voraussetzung aufgebaut, daß die Verträge gegen den Willen des Perikles durchgesetzt wurden. Dies Letztere scheint mir ausgeschlossen; sie passen vortrefflich in die Ideen des Perikles, sobald man nur darauf verzichtet, den Gedanken einer Ausbreitung der athenischen Seeherrschaft in jene Gegenden hineinzulegen. Die Hoffnungen der spartanischen Symmachie, Athen auch maritim bekämpfen, also eigentlich die einzigen rationellen Sieges-Hoffnungen stützten sich auf die dorischen Städte im Westen, namentlich Syrakus. 500 Trieren hofften sie im Verein mit diesen ihren politischen Freunden zusammen aufzustellen.

---

*) Athen und der Westen. 1882.

Der vorausschauende Blick des Perikles hatte das erkannt und in derselben Linie der Politik, in der er dafür sorgte, daß Korkyra nicht in's feindliche Lager gedrängt werde, sorgte er auch dafür, daß die Hoffnungen auf die Seemacht des Westens zu Schanden wurden. Es war dazu nöthig, daß Athen die antisyrakusische Partei jener Region unterstützte, nicht in der Art, daß es selbst um die Vorherrschaft in diesen Meeren in die Schranken trat, aber doch so weit, daß es die selbständigen Mächte in ihrer Selbständigkeit schützte und in ihrem Antagonismus gegen Syrakus, der dessen Macht niederhielt, bestärkte und unterstützte. Das und nicht mehr werden die Verträge mit Leontini und Rhegium enthalten haben. Dem entspricht, daß nicht sofort, aber im Jahre 427, als die athenerfreundlichen Städte auf Sicilien in Noth geriethen, sie den mächtigen Protector um Hülfe baten und ihnen diese Hülfe mit 20 Trieren gewährt wurde. Die Gewißheit dieser Zuflucht im Nothfall wird schon vorher der antisyrakusischen Partei den Rücken gestärkt haben. Nach Thucydides (III, 86) wünschten die Athener mit ihrer Expedition den Peloponnesiern die Getreidezufuhr aus Sicilien abzuschneiden und einen Vorversuch zu machen, ob sie die Dinge in Sicilien in ihre Hand bekommen könnten (τὰ ἐν Σικελίᾳ πράγματα ὑποχείρια γενέσθαι). Der Ausdruck ist wohl absichtlich so unbestimmt, entsprechend den Vorstellungen der Athener; soweit darin ein wirkliches Herrschaftsstreben liegt, wäre es über die Absichten des Perikles hinausgegangen; vor Ausdehnung der athenischen Herrschaft während des Krieges hat er seine Mitbürger ausdrücklich gewarnt. Aber darum ängstlich seinen Staat von jenen

Händeln gänzlich fern zu halten, war er sicherlich auch nicht gewillt. Gewiß war es ein großes Wagniß, die Feindschaft eines Staates wie Syrakus herauszufordern in dem Augenblick, wo das Kriegsgewitter vom Peloponnes heraufzog: aber die Peloponnesier erwarteten von dort her Hülfe: sofort ging Perikles mit kühnem Muthe der Gefahr entgegen, sie in ihrer eigenen Heimath zu bekämpfen.

Gleich nach der Schlacht von Sybota ergriffen die Athener im Hinblick auf die aufsteigende Gefahr eine Vorsichtsmaßregel, die wie das so häufig eintritt, den Ausbruch zuletzt nicht verhinderte, sondern beschleunigte. Sie forderten von einer ihrer Bundesstädte, der sie nicht trauten, Potidäa, den Abbruch der Beziehungen zu ihrer Mutterstadt Korinth, die Niederlegung der Stadtmauer nach der Seeseite und Geißeln. Zwei Vorwürfe werden der athenischen Politik in diesem Vorgehen gemacht: daß sie solche Forderungen stellte, ohne die Ausführung durch eine Expedition auf der Stelle zu sichern und daß sie, als nun Potidäa, statt sich zu unterwerfen, abfiel, wiederum mit der Absendung eines genügenden Executionsheeres so lange zögerte, daß die Korinther mittlerweile 2000 Mann Verstärkung in die abgefallene Stadt werfen konnten.

Ueber den sachlichen Fehler ist kein Wort zu verlieren. Es ist völlig einleuchtend, daß die Athener einen äußerst kostspieligen und langwierigen Nebenkrieg vermieden hätten, wenn sie schneller zur Hand gewesen wären und Potidäa, ehe es abfiel, wehrlos gemacht hätten. Auch in Athen werden schon kluge Leute genug gewesen sein, die als das Unglück geschehen war, mit tiefsinnig-geheimnißvoller Miene angaben, wie es hätte vermieden werden können und warum es so gekommen wäre. Da uns über die Genesis des Fehlers durchaus nichts überliefert ist, so hat auch hier die gelehrte Phantasie für alle Zeit freien Spielraum und Pflugk-Harttung ist nie zu widerlegen, wenn er den Grund darin findet, daß „es an Muth gebrach“ und daß „wieder die Zauderpolitik alles verdorben“ hat.

Da meine Phantasie zuletzt aber wohl dasselbe Recht hat wie die anderen, so bitte ich um Erlaubniß auch die meine schalten lassen zu dürfen und beispielshalber — ohne andere beschränken zu wollen — einmal folgende Construction vorzutragen.

Als der erste Befehl an Potidäa gerichtet wurde, schien die Gefahr eines Abfalls, wenn auch nicht ausgeschlossen, doch noch nicht so sehr groß. Der Befehl war auch nicht so peremptorisch gehalten, daß die Potidäaten nicht den Versuch gemacht hätten, noch zu verhandeln in der Hoffnung eine Milderung durchzusetzen. Jeden Befehl an einen Bundesstaat gleich durch die starke Hand einer Armee ausführen zu lassen, wäre zwar ein sehr sicheres, aber ebenso kostspieliges Mittel gewesen. Zu wenig Soldaten sind schlimmer als garkeine; es muß gleich ein ganzes Corps sein; dieses Corps muß so lange dableiben, bis die Mauer wirklich niedergelegt ist, was vermuthlich einige Wochen in Anspruch nimmt. Ja selbst die Niederlegung ist noch kein absoluter Schutz, denn wenn die Steine in der Nähe bleiben, so ist sie schneller wieder aufzubauen als abzureißen, bei einiger Vorsicht und Energie sicherlich in kürzerer Frist als die Nachricht nach Athen gelangen und eine neue Flotte zur

Stelle sein kann. Freiwillig erlangte Nachgiebigkeit ist deshalb in jeder Beziehung vortheilhafter, als die momentan erzwungene. Man bot also alles auf, um in Gutem zum Ziel zu kommen.

Als nun die Potidäaten sich der Ausführung des Befehls wirklich zu entziehen suchten, erkannten die Athener, daß Gewalt angewendet werden müsse und gaben einer Expedition unter Archestratos, die sie gegen Perdikkas von Macedonien abschickten, den Auftrag unterwegs die Execution gegen Potidäa zu vollstrecken. Als Archestratos vor Potidäa anlangte, schloß es ihm die Thore; es hatte den Abfall von Athen bereits vollzogen. Archestratos fühlte sich zu schwach, Perdikkas und Potidäa zugleich zu bekämpfen und wandte sich im Bunde mit Philipp, einem Bruder des Perdikkas, und Derdas, Fürsten der Elimioten gegen jenen.

Auch jetzt sahen die Athener die Gefahr noch keineswegs als sehr groß an. Ihre Feindschaft mit Macedonien war keine unversöhnliche; auf die eine oder andere Weise setzte man sich wohl bald wieder mit Perdikkas auseinander. Ob der große peloponnesische Krieg schon so unmittelbar bevorstehe, war noch nicht zu erkennen. Wurde er noch einmal aufgeschoben, so hätten sich die Potidäaten endlich doch wohl noch ohne Gewalt gefügt. Da machten die Korinther einen ganz unerwarteten Vorstoß. Sie sammelten ein Heer von nicht weniger als 2000 Mann unter Aristeus und sandten es den Potidäaten zu Hülfe. Natürlich hatte man in Korinth schon im Voraus von dem bevorstehenden Abfall gewußt und Maßnahmen danach getroffen. Sie kamen den Athenern wirklich zuvor*), hatten sie überlistet. Wenn etwa noch Aussicht auf einen Umschwung, auf Athenerfreunde in Potidäa selbst gewesen war — jetzt war es vorbei und sofort stach nunmehr ein Heer und eine Flotte in See, die fähig war, mit Gewalt die Autorität Athens wiederherzustellen. Aristeus mit den Potidäaten wurde in offener Feldschlacht geschlagen und die Stadt eingeschlossen.

Der Vollständigkeit halber will ich auch noch die Möglichkeiten anführen, die Duncker zur Erklärung der Verzögerungen an die Hand giebt. Nach seiner Darstellung fallen die Processe, welche die Opposition gegen den Perikles erregte, gegen den Phidias, Anaxagoras, Aspasia grade in diese Zeit. Schon bei den Verhandlungen mit Korkyra hatten die politischen Gegner ja dem Perikles das Concept zu verrücken gesucht. Duncker hält es also für möglich, daß entweder diese inneren Frictionen oder die Verhandlungen mit Philipp und Derdas über den Kriegsplan das Vorgehen der Athener verzögert hätten. Suchten wir unsere Aufgabe darin, den Perikles von allen Fehlern rein zu waschen, so hätten wir uns mit diesem Hinweis begnügen können. Wir führen es jedoch nur an, als einen Fingerzeig auf die zahllosen Möglichkeiten, die in diesen Dingen mitgespielt haben können, ohne daß uns irgend etwas darüber erhalten ist**).

*) Ich lege auf die Conjectur „ἐπιπαριόντας“ statt „ἐπιπαρόντας“ (Thuc. I, 61) geringen Werth. So weit wir die Dinge kennen, erscheint sie allerdings als die sachgemäßere; aber wir kennen die Verhältnisse zu wenig im Einzelnen, um nicht „ἐπιπαρόντας“ auch für möglich zu halten, ohne daß die Athener der Vorwurf der Lässigkeit trifft.

**) In Herbst's sonst vortrefflicher Abhandlung Philologus Bd. 46

Etwa gleichzeitig mit diesen letzten Ereignissen gerieth Athen auch mit Megara in Grenz- und Nachbarstreitigkeiten, in Folge deren Athen über den trotzigen Kleinstaat eine Verkehrs-Sperre verhängte. Unter allen Beschwerden gegen Athen nahm diese, „das megarische Psephisma" endlich die erste Stelle ein. Die Bundesversammlung in Sparta trat zusammen, von allen Seiten wurden die Klagen gegen Athen vorgebracht, Gesandtschaften gingen hin und her, um Forderungen zu stellen und die Aufhebung oder Aufrechterhaltung des megarischen Psephisma war endlich das Pünktchen von dem die Entscheidung abhing. Wenn die Athener nur hierin nachgeben wollten, erklärten die spartanischen Gesandten, so würden sie den Frieden behalten.

Ich habe oben zwar nicht behauptet aber doch supponirt, daß Perikles danach gestrebt habe, den Frieden solang als möglich zu erhalten. Athen hatte keinerlei politischen Grund, den Krieg zu beschleunigen oder gar ihn zu provociren. Es hatte bei dem Kriegsplan des Perikles auch keinen militärischen Grund dazu; nirgends hatte es, sei es die Absicht, sei es die Möglichkeit, durch „Prävenirespielen", durch irgend einen plötzlichen Offensivstoß einen großen entscheidenden

S. 490 ff. kann ich dem Räsonnoment S. 535 nicht zustimmen, daß Athen, grade weil es in nächster Zeit den Einfall der Peloponnesier voraussah, und deshalb seine Flotte gebrauchte, die Aufnahme des Kampfes mit Potidäa vermieden habe. Ich rechne umgekehrt: je näher man den großen Krieg vor sich sah, desto nöthiger war es, mit der größten Schnelligkeit gegen Potidäa vorzugehen. Bei dem Perikleischen Kriegsplan kam es nicht so sehr darauf an, ob man alle Kräfte gleich beisammen hatte oder nicht. Das langsame Vorgehen gegen Potidäa ist mir deshalb eher ein Symptom, daß Perikles den Krieg noch hinausschieben zu können meinte.

Vortheil zu erringen. Jetzt kam noch dazu, daß es in den Krieg mit Potidäa verwickelt war; es wäre von dem größten Vortheil gewesen, wenn man den allgemeinen Krieg noch etwas hinausgezögert und erst diese Stadt überwältigt hätte; sie hätte sich vielleicht freiwillig ergeben, wenn sie sah, daß ihr vom Peloponnes keine Hülfe wurde.

Hier ist ein Probirstein für staatsmännische Entschlossenheit. Wenn in dem damaligen Leiter der athenischen Politik die geringste Anlage zu ängstlicher Vorsicht vorhanden war: jetzt mußte sie hervortreten. Es gab in Athen Stimmen genug, welche riefen, doch nicht um des megarischen Psephisma willen sich in einen großen Krieg zu stürzen. In der Volksversammlung traten Redner auf und riethen, doch in dieser Kleinigkeit nachzugeben. Perikles war es, der widersprach und in dem vollen Bewußtsein, daß er damit den Krieg votire, die Ablehnung der Forderung der Spartaner durchsetzte.

Warum? Die Sache scheint nicht so ganz einfach zu sein, denn es sind verschiedene gelehrte Vermuthungen darüber aufgestellt worden. Perikles' Stellung im Innern war bedroht, hat man gesagt; nach Art anderer, älterer und neuerer Tyrannen suchte er die Bewegung nach außen abzulenken. Ein solcher Gedankengang paßt auf einen wirklichen Gewaltherrscher, der seine Executivmittel durch die Kriegsrüstung und Kriegsstimmung zu verstärken strebt. Er paßt auch auf einen Volksführer, der durch große, glänzende Erfolge seinen Namen mit neuem Schimmer zu umgeben, seine Autorität zu befestigen hofft. Er paßt aber nicht auf einen Volksführer, der einen Kriegsplan im Kopf hat, wie damals Perikles. Wer die Absicht hatte, den Athenern als erste Folge des Krieges die Preisgabe ihres Landes zuzumuthen, wußte auch, daß ein solcher Krieg seine eigene Stellung nicht befestigen, sondern in ihren Grundfesten erschüttern müsse.

Umgekehrt haben Andere in der Beschleunigung des Krieges ein Opfer gesehen, daß Perikles seinem eigenen Genius und seiner Vaterstadt brachte. Er wußte, daß kein Anderer wie er im Stande sein würde, die Athener den Krieg in rechter Weise führen zu lassen; er war über 60 Jahre alt: so begann er ihn, so lange es noch Tag war. Auch diese Vermuthung ist psychologisch schwerlich richtig. Rechnet ein Mann von 60 Jahren, sonst noch kräftig und gesund, so mit seinem nahen Tode? So daß er auch nicht um ein Jahr länger zögern zu können meinte? Daß er eine ungeheuere Entscheidung deshalb sofort zu provociren für nöthig halten sollte? Daß nicht einmal die Bewältigung Potidäas abgewartet werden konnte?

Was sagen denn nun aber die dazu, die in Perikles den Stümper, den Zaghaften, den Feigling zu sehen gewohnt sind? Pflugk-Harttung hat sich den Kopf nicht weiter darüber zerbrochen. In Duncker ist doch eine Ahnung davon aufgegangen, daß hier ein Widerspruch vorhanden sei. Ungefähr wie jener Militär-Schriftsteller, der, als er entdeckt, daß die Ideen Friedrichs des Großen über Kriegführung mit den seinigen nicht stimmen, sich begnügt sie „unbegreiflich“ zu finden, so meint Duncker an dieser Stelle (S. 398) „Des Perikles Politik war eigener Art und nicht leicht zu verstehen“. Mit dieser Räthselwendung ist Duncker über den Abgrund hinüber: der Krieg war nicht unvermeidlich, hören wir von ihm; er war in diesem Augenblicke sicher zu vermeiden: Perikles, der Aengstliche, Unentschlossene vermeidet ihn nicht, sondern fordert ihn heraus.

Es ist merkwürdig genug, daß man nach dem Grunde gesucht hat, da ihn uns Perikles selbst mit runden deutlichen Worten ausgesprochen. Vollständig wollte er die spartanische Forderung nicht ablehnen; zu einem Schiedsgericht auf dem Grunde gleichen Rechtes sollte sich Athen bereit erklären, aber die einfache Unterwerfung unter die spartanische Forderung solle abgelehnt werden, weil sie nichts als die Einleitung zu neuen Forderungen sein werde, die endlich doch zum Kriege führen würden*). Diese neuen Forderungen hätten doch erst abgewartet werden können, meint darauf Duncker; Athen hatte größere Demüthigungen und Concessionen schon unter Perikles Leitung auf sich genommen. Ganz richtig: aber um etwas dadurch zu erreichen. Was aber hätte man durch diese Nachgiebigkeit erlangt? Glaubt man wirklich, daß man mit einer demüthigen Verbeugung die Kriegsgeister beschworen hätte?**) Daß die

---

*) Duncker (S. 391) erklärt: „Das Anerbieten des Austrages durch Schiedsspruch für völlig illusorisch", da bis zu dieser Entscheidung „Potidäa längst gefallen, die Noth in Megara viel höher gestiegen sein" konnte. Sparta habe die Aushungerung eines Bundesstaates unter seinen Augen nicht weiter gehen lassen können. Dieses Urtheil steht mit offenkundigen Thatsachen im Widerspruch. Potidäa hat sich noch über 2 Jahre gehalten und man wird in Sparta doch wohl gewußt haben, daß es gut verproviantirt war. Megara hat den peloponnesischen Krieg viele Jahre lang ausgehalten ohne ausgehungert zu werden. Ein Schiedsspruch aber konnte in wenigen Wochen, höchstens Monaten gefällt sein.

**) Sehr gut hierüber Ad. Bauer, Philologus 46, 464.

Korinther, Thebaner, die Kriegspartei in Sparta selbst nicht gerade auf Grund dieser Concession die Forderung einer neuen und immer neuer durchgesetzt hätten, bis der Krieg endlich da war? Daß der Ueberfall von Platää dadurch verhindert worden wäre? Nicht einen Tag länger Frieden hätte sich Athen auf diese Weise erkauft, denn von jenen Verhandlungen bis zum wirklichen Kriegsausbruch ist immer noch eine geraume Zeit vergangen. Wie aber hätte die athenische Staatsleitung dagestanden, welche so kurzsichtig Demüthigungen über die Stadt ergehen ließ, die die Autorität bei den Bundesgenossen schwächten, das eigene Zutrauen der Bürger zu der Festigkeit und dem Muth ihrer Führer erschütterten? Was würden erst gar die modernen Kritiker über einen solchen Perikles sagen?

Nie sind staatsmännische Weisheit und Entschlossenheit schöner vereinigt gewesen, als in diesem Manne, der bis zum letzten Augenblick — ich denke bis zu der Nachricht von dem Zuge des Aristeus — mit fester Hand den Frieden wahrte, und als der Krieg dennoch kam, mit derselben festen Hand das Steuer herumwarf und ohne Zaudern und Zagen das Schiff hinausführte in die Wogen, dem Unwetter entgegen.

Anmerkung.

Ueber Manches in diesem Capitel würde man mit größerer Bestimmtheit reden können, wenn die Chronologie sicherer wäre. Es finden sich aber in dem Text des Thucydides einige Widersprüche, verschuldet sei es nun durch Schreibfehler, sei es durch Glosseme, sei es durch Ueberarbeitung, zu deren Ausmerzung es uns trotz der Hülfe einiger Inschriften an einem sicheren Anhalt gebricht. Ich will die oft durchgearbeiteten Einzelheiten nicht wiederholen und mich begnügen die hauptsächlichsten Daten und Ansichten tabellarisch zusammenzustellen.

	Schlacht von Leukimme.	Abschluß des korkyräisch-athenischen Bündnisses.	Schlacht bei Sybota.	Befehl an Potidäa.
Grote.	434	Frühjahr 432	Frühjahr 432	Frühjahr 432
Curtius.	Herbst 435 oder Frühjahr 434		Frühjahr 432	432
E. Müller, De tempore etc.	Ende April 434	Juli—August 433	etwa 10. Mai 432	Mai 432
Müller-Strübing.			September 433	
Wilamowitz.	435	August 433	September 433	
Lipsius.			September 433	
Duncker.	435	Juni 433	Erst. Drittel September 433	Oct. 433
Herbst.		Juli—August 433	etwa 10. Nov. 433	December 433
Holzapfel.	Anf. Sommer 434	433	11.—13. Mai 432	Mitte Juni 432

Für mich hat folgende Datirung die größte Wahrscheinlichkeit:

Leukimme	Frühjahr 434
Korkyräisches Bündniß	Juni/Juli 433
Sybota	Mai 432
Befehl an Potidäa	Juni 432
Abfall von Potidäa	Anf. August 432

Abfall Potidäas.	Absendung des Kallias.	Schlacht bei Potidäa.	Megarisches Psephisma.	Ueberfall Platääs.	Invasion in Attika.
Mitte Sommer 432		432	Vor 432	Ende März 431	Mitte Juni
432	432	432	Sommer 432	4./5. April	Ende Juni
Juni 432	Ende Juli 432	Ende Aug. oder Sept. 432		5.—7. April	etwa 25. Juni
Ende Sept. oder Anf. Oct. 432		December 432		1. Juni	21. August
Juli 432	August 432	Ende Sept. 432		Anf. März	Ende Mai
October 433		Nov. 433		April	Juni
Mitte bis Ende Mai 432	Ende Juli 432	Mitte Oct. 432	Nov. 433 und Frühjahr 432	1./2. April	Ende Juni
etwa 10. August 432		Anf. Oct. 432		4. April	24. Juni
Anf. Juli 432	August 432	Wahrsch. um 20. Sept. 432	Sommer 432	5./6. März	Ende Mai

Absendung des Kallias . . . . September 432
Megarisches Psephisma . . . . September 432
Schlacht bei Potidäa . . . . Anf. October 432
Ueberfall von Platää . . . . Anf. April 431
Invasion . . . . Letztes Drittel Juni 431

9. Der samische Feldzug. 440/439.

Pflugk-Harttungs Darstellung des samischen Feldzuges ist bereits von Duncker in wichtigen Punkten richtig gestellt worden. Daß Samos selber eine sehr bedeutende Macht repräsentirte, daß es gleichzeitig mit Persien und Sparta anknüpfte, daß die Belagerung von Perikles mit großer Energie betrieben wurde, daß die Capitulations-Bedingungen keineswegs auf Unvollständigkeit des Sieges deuten, das ist Alles bei Duncker im Gegensatz zu Pflugk-Harttung bestimmt betont und gut begründet. Den Haupt-Vorwurf, den Pflugk-Harttung Perikles macht, daß er nämlich mit der Hälfte seiner Flotte der phönicischen bis nach Karien entgegenging, kehrt Duncker um in ein entschiedenes Lob und der ganze Ton der Darstellung athmet bei ihm ebenso viel Anerkennung, wie bei Pflugk-Harttung Geringschätzung.

In einem wesentlichen Punkt jedoch, in der Darstellung der Seeschlacht von Tragia hat sich Duncker zwar nicht dem Pflugk-Harttung'schen Ton, aber doch seiner Feststellung des Thatbestandes angeschlossen. Hierüber ist noch Einiges zu sagen.

Die athenische und samische Flotte stießen zusammen, als diese von Milet zurückkam, wohin sie eine Expedition gemacht hatte; die Athener unter dem Oberbefehl des Perikles hatten 44 Schiffe, die Samier 70, wovon 20 Soldatenschiffe. Nach Thucydides und Ephorus siegten die Athener. Das ist alles was wir direct und sicher über die Schlacht wissen. Die Lage der Insel Tragia ist unbekannt; Pflugk-Harttung hat wahrscheinlich zu machen gesucht, daß es die etwa

2 Meilen westlich der Linie Milet=Samos gelegene Insel, sonst Hyetussa genannt, sei. Bei Plutarch findet sich eine Notiz aus Aristoteles, daß der Philosoph Melissos, der die Samier in diesem Kriege commandirte, den Perikles besiegt habe. Diese Nachricht hat Pflugk=Harttung mit der anderen folgendermaßen combinirt: Der natürliche Plan des Perikles war, die samische Expeditionsflotte bei Milet von ihrer Heimath abzuschneiden; gelang ihm das, so war der Krieg voraussichtlich mit einem Schlage beendigt. In der Nähe von Tragia stellte er sich ihr in den Weg und behauptete auch den Platz, sodaß die Athener die Schlacht für einen Sieg ausgeben konnten. Aber auch die Samier erreichten ihren Zweck, indem sie sich durchschlugen und nach Hause kamen; auch sie nahmen daher für sich und ihren Feldherrn Melissos die Schlacht als einen Sieg in Anspruch. Des Perikles Sieges=Lorbeer von Tragia ist also nur ein ziemlich dürftiger.

Gegen diese Hypothese — mehr als eine Hypothese ist es natürlich im besten Falle nicht — läßt sich Folgendes einwenden. Es ist durchaus unsicher, ob sich der Sieg des Melissos über den Perikles auf diese Schlacht bezieht. Die Samier können leicht noch einmal ein Gefecht geliefert und einen Vortheil gewonnen haben, von dem wir weiter nichts wissen. Besonders aber liegt sehr nahe eine Verwechselung mit dem großen Siege, den die Samier in der Abwesenheit des Perikles, also zwar nicht über ihn selbst, aber doch über die unter seinem Oberbefehl stehende Flotte erfochten. Durch drei Hände zum wenigsten ist die Notiz, so wie sie uns vorliegt, gegangen: die Quelle des Aristoteles, Aristoteles und Plutarch. Bei solcher Genesis ist die Wahrscheinlichkeit eines Mißverständnisses größer als die der Correctheit. So viel über die äußere Beglaubigung der Notiz, die der Erzählung des Thucydides und des Ephorus, daß die Athener bei Tragia gesiegt hätten, die Wage halten soll. Noch schlechter steht es mit der inneren. Wenn der Ursprung der Schlacht wirklich der vermuthete wäre, so hätte Perikles einen schweren strategischen Fehler gemacht. Er hatte im Ganzen 60 Trieren, von diesen sandte er 16 ab, nach Lesbos und Chios, um diese zur Hülfeleistung zu entbieten und nach Karien, um gegen die persische Hülfsflotte zu recognosciren. Sollte Perikles sich um mehr als ein Viertel seiner Streitkraft geschwächt haben in dem Augenblick, wo er eine Schlacht beabsichtigte? Gewann er die Schlacht — in dem supponirten Sinne —, so war der Krieg aus und er brauchte weder Hülfe von der einen, noch Recognoscirung nach der anderen Seite. Selbst wenn er ganz sicher zu sein glaubte, auch mit 44 Schiffen zu siegen, so soll diese Schlacht doch nicht bloß auf Sieg, sondern auf Abschneiden und Vernichtung angelegt gewesen sein; auch flüchtige Schiffe durften nicht durchkommen; durch Minderung der athenischen Schiffszahl beraubte man sich also ganz sicher selbst des Siegespreises. Nach Chios und Lesbos genügte, wenn es denn durchaus eine Triere sein mußte, je eine; mehrere waren für eine Botschaft zu viel, für eine Drohung zu wenig. Von der persischen Flotte mochten die Nachrichten noch so drohend lauten; besser, wichtiger, entscheidender als jede Recognoscirung gegen sie war doch immer ein möglichst vollständiger Sieg über die Samier.

Ich schließe also:

Da Perikles so starke Detachirungen vornahm, so hat er eine Schlacht in unmittelbarer Nähe nicht nur nicht beabsichtigt, sondern nicht einmal erwartet. Unmöglich wird die Harttung'sche Hypothese darum aber noch nicht. Es ist ja denkbar, daß erst nach Absendung jener Detachirungen Perikles die Nachricht von dem Standpunkte der samischen Flotte bekommen hat, oder daß völlig unerwartet, als die Athener schon über Tragia (Hyetussa) hinaus waren, die Samier in der rechten Flanke entdeckt wurden und Perikles auf der Stelle beschloß, ihnen den Weg zu verlegen und eine Schlacht zu liefern.

Ebenso möglich ist aber das Umgekehrte: daß es nämlich die Samier waren, die schon in der Nähe ihres Hafens angelangt, als sie die kleine Zahl der athenischen Schiffe bemerkten, beschlossen, ihnen entgegenzugehen und eine Schlacht zu liefern.

Für die Beurtheilung des Perikles ist der Unterschied nicht wesentlich. In dem einen Falle wäre sein Entschluß großartiger und kühner, da er im Fall einer Niederlage keinen Rückzug hatte, soweit dieser Begriff auf Seeschlachten paßt, und sich der Vernichtung aussetzte. Der Erfolg aber wäre nicht ganz befriedigend gewesen, da der eigentliche Zweck, die Vernichtung des Feindes nicht erreicht wurde, dieser sogar in strategischem Sinne sich den Sieg zuschreiben durfte.

In dem anderen Falle wäre der Entschluß zur Schlacht eine natürliche muthige That gewesen, nicht mehr und nicht weniger; eine Schlacht wie andere auch: der beabsichtigte Erfolg aber voll erreicht worden.

Pflugk-Harttungs Wendung, „daß man in Athen den Sieg verherrlichte, besagt nur, daß man es dort als einen Sieg erklärte und die Perikleische Partei mächtig war“, ist auf jeden Fall eine unbewiesene Unterstellung.

Sehr wesentlich für die Werthschätzung der Schlacht ist natürlich das Stärkeverhältniß. Thucydides sagt: die Athener unter dem Oberbefehl des Perikles hatten 44 Schiffe, die Samier 70, von denen 20 Soldaten-Schiffe, στρατιώτιδες, waren. Ueber den Gefechtswerth dieser letzteren wissen wir nichts Genaues. Sicher ist es unrichtig, sie als kampfunfähig zu betrachten. Böckh*) charakterisirt sie „mit Landtruppen überfüllt, deshalb unbehülflich, daher sie nur im Nothfall und schlechter fochten“. Auch das scheint sie schon etwas zu tief herabzusetzen. Sowohl in dieser Schlacht bei Tragia, als bei der sicilischen Expedition**) zählt Thucydides sie doch in der Gesammtzahl mit und eine bei Euböa stationirte στρατιῶτις (VII, 74) ist nothwendig nicht bloß ein Transport-, sondern ein Gefechtsschiff. Pflugk-Harttung aber, damit der Leser ja nicht den Eindruck eines großen Mißverhältnisses der Kräfte empfange, zieht die 20 στρατιώτιδες der Samier nicht nur von der Gesammtzahl ab, so daß nur 50 Schiffe bleiben gegen 44, sondern fügt auch noch den Satz hinzu „doch ist dabei zu beachten, daß von den 50 feindlichen ein Theil zur **Deckung** der beladenen 20 Transportschiffe ver-

---

*) Staatshaushalt I, 348 (3. Aufl.).

**) VI, 43. Von den 134 Trieren sagt er, waren 100 attische und von diesen „αἱ μὲν ἑξήκοντα ταχεῖαι, αἱ δ' ἄλλαι στρατιώτιδες“. Auch VIII, 62 ist erst die Gesammtsumme genannt 24, und dem zugefügt, ohne bestimmte Zahl, daß darunter στρατιώτιδες gewesen.

wendet und dadurch mehr oder weniger außer Action gesetzt werden mußte“. (S. 38.)

Ich will nicht darüber streiten, ob die στρατιώτιδες sich zu den Schlacht-Trieren an Gefechtskraft wie Fregatten oder wie bloße Kanonenboote zu Linienschiffen verhalten haben, oder auch ganz gefechtsunfähige Transportschiffe waren. Wir wissen ja zuletzt darüber nur aus Rückschlüssen. Aber zu dem letztcitirten Satz Pflugk-Harttungs will ich meine ganz persönlichen Empfindungen nicht verhehlen. Als mir der „Perikles als Feldherr“ nach dem Erscheinen vom Buchhändler zugeschickt wurde und ich so blätternd hier und da etwas davon las, stieß ich auch auf diesen Passus. Da machte ich das Buch ärgerlich zu und beschloß es weder zu kaufen noch zu lesen, am allerwenigsten darüber zu schreiben. Wenn Jemand über griechische Geschichte ein Buch schreibt und es stellt sich heraus, daß er weder dekliniren noch conjugiren kann, so wird das Buch allgemein nicht als ein wissenschaftliches betrachtet und die Recensenten lehnen es ab sich damit zu beschäftigen. Wenn Jemand über Kriegsgeschichte schreibt und ihm fehlen die elementaren Begriffe der Taktik und Strategie, so denke ich, sollte es ebenso sein. Es ist hier nicht anders. Zu den elementaren Begriffen der Taktik und der Strategie gehört, daß die Streitkräfte zur Schlacht zusammen gehalten werden müssen und nicht verwandt werden zu Deckungen, die im Fall eines Sieges überflüssig, im Fall einer Niederlage nutzlos sind. Ich kann nicht auf die taktischen Handbücher verweisen und sagen: „Lest es nach, da und da, daß solche Verwendung von Streitkräften zu Deckungen während der Schlacht verboten ist“, denn dieses Verbot gilt ihnen als so selbstverständlich, daß es gar nicht mehr besonders ausgesprochen wird. In jedem Satz über Truppenverwendung liegt es drin, ist es natürliche Voraussetzung. Wer im Stande ist zu sagen: während der Schlacht „müsse" ein Theil der Streitkräfte zu Deckungen verwandt werden, hat nie ein theoretisch-militärisches Werk wirklich gelesen.

Warum habe ich, wenn das meine Ansicht von Pflugk-Harttungs Buch ist, mir dennoch die Mühe gegeben, es so ausführlich zu widerlegen? Nun, ich habe eben lernen müssen, daß die gelehrte Welt in diesem Punkt bisher anders denkt, als ich. Daß Jemand die griechische Elementar-Grammatik kennt, der über griechische Geschichte schreiben will, verlangt sie freilich; daß aber Jemand die taktischen und strategischen Elementarbegriffe kennt, der über Kriegsgeschichte schreiben will, verlangt sie nicht. Pflugk-Harttungs Buch ist von der Kritik als ein zunftgerechtes allgemein anerkannt worden*). Da ist denn auch mir nichts übrig geblieben als mich zu fügen, mir das Buch zu kaufen, es zu lesen und es Punkt für Punkt mit ernsthafter Miene zu behandeln. Daß wir es hier nicht blos mit einer momentanen Unaufmerksamkeit zu thun haben, die Jedem passiren kann und deshalb eine so scharfe Rüge nicht verdient hätte, wird die voraufgehende Untersuchung genügend dargethan haben. Gleich aus diesem Feldzug kann man noch ein zweites Beispiel hinzufügen. In der Replik gegen Egelhaaf

*) Einen wohlthuenden Vorbehalt in dieser Richtung hat schon Ad. Bauer gemacht in der Schrift „Thucydides und H. Müller-Strübing" S. 31. Ebenso in dem oben citirten Jahresbericht.

(Zeitschrift für östr. Gymnasw. 1887 S. 247) sagt Pflugk-Harttung: „Trotz der anderthalbfachen athenischen Uebermacht zur See, vermögen sich noch fünf samische Schiffe „herauszustehlen", d. h. also zugleich die Athener paßten schlecht auf." Für mich heißt das, Pflugk-Harttung hat es nicht für nöthig gehalten, sich mit dem Wesen einer Blockade bekannt zu machen. „Man darf von einer Blockade nicht verlangen, daß der betreffende Hafen hermetisch geschlossen werde, denn das ist ein Ding der Unmöglichkeit und noch niemals erreicht. Selbst in der größten Zeit der englischen Marine ist es ihrem größten Admiral trotz seiner außerordentlichen Eigenschaften zweimal widerfahren, daß nicht ein einzelnes Schiff, sondern eine ganze französische Flotte unbemerkt aus dem blockirten Hafen entkam, ohne daß er irgend welche Fühlung mit ihr behalten hätte." So Capitän zur See Stenzel in der kürzlich erschienenen Schrift „Ueber Kriegführung zur See" S. 67. Die einzige Entschuldigung für Pflugk-Harttung ist eben, daß es Größere nicht besser machen. Hier gilt immer noch die alte Anekdote von dem Deutschen, der das Kameel zu zeichnen hatte: er griff in die Tiefe seines Busens und construirte es sich; der Engländer reiste in die Wüste Sahara; der Franzose ging in den zoologischen Garten. Was das äußere Gerüst der Geschichtschreibung, die Quellenforschung betrifft, so sind wir wohl jetzt eher auf dem Standpunkt, daß wir zuweilen bis in die Wüste Sahara ziehen. Was aber die letzte und entscheidende, die Sach-Kritik betrifft, da greift der deutsche Gelehrte noch immer getrost und unbefangen in den Busen und oft nicht einmal in die Tiefe*).

Wegen der Expedition nach Karien hat Duncker Perikles in Schutz genommen auf Grund des Satzes, daß die Athener suchen mußten, die Feinde so weit als möglich auseinanderzuhalten. Dieser Satz ist doch nicht so ganz selbstverständlich. Friedrich z. B. hätte, wie wir oben schon angeführt haben, statt Daun bei Kollin anzugreifen, ihn besser noch einen Marsch näher an Prag herankommen lassen, um dann für die Schlacht noch 10000 Mann mehr vom Belagerungscorps heranzuziehen. Weshalb Perikles den Phöniciern so weit (30—35 Meilen) entgegenging, wissen wir nicht und es ist deshalb auch unfruchtbar, ihn darüber sei es lobend wie Duncker oder tadelnd wie Pflugk-Harttung zu kritisiren. Wir wissen nicht, welche Nachrichten er von der Stärke, der

*) Als jüngstes Beispiel einer solchen Untersuchung nenne ich eine Studie über die Schlacht bei Zama im 48. Bande des Philologus S. 188 (1889). Daß in einer streng wissenschaftlichen Zeitschrift von einem im Uebrigen durchaus correct wissenschaftlichen Gelehrten eine solche Darstellung stehen konnte, wird vielleicht einmal als Beispiel für den Stand der Wissenschaft unserer Epoche citirt werden, etwa wie wir jetzt von der Zeit sprechen, die die Chronologie der sieben römischen Könige festzustellen suchte und sich darüber stritt, ob Helena ihr erstes Abenteuer in ihrem siebenten oder zehnten Jahr gehabt habe.

Um noch ein zweites Beispiel anzuführen, so erzählt in seiner kürzlich erschienenen Griechischen Geschichte Holm noch wieder über Marathon: „Die Griechen brachen im Laufschritt, wie Herodot sagt, auf die angeblich acht Stadien (etwa $1^1/_2$ Kilometer) entfernt stehenden Feinde los.“ Das ist das Achtfache der denkbar äußersten physischen Möglichkeit, also etwa, wie wenn Jemand schriebe „sie marschierten an einem Tage angeblich 55 Meilen“. Ungefähr ebensoviel militärische Wahrscheinlichkeit hat es, wenn derselbe Autor ein vollständig geschlagenes Heer einen Handstreich gegen die feindliche Hauptstadt unternehmen läßt.

Nähe, den Absichten der Perser hatte. Wir wissen nicht, welche Absichten er selbst hatte, ob er z. B. eventuell seine Offensive noch weiter ausdehnen wollte*). Wir wissen nicht, welche Maßregeln er getroffen hat für den Fall, daß die Perser einen andern Weg, weiter östlich einschlugen. Nur Eines vermögen wir zu erkennen und das ist die Hauptsache: ganz gewiß war es nicht die That eines zu übergroßer Vorsicht geneigten oder gar ängstlichen Feldherrn, sich mit der Hälfte seiner Streitkraft so weit von der anderen Hälfte zu entfernen, daß man auf unmittelbare gegenseitige Unterstützung Verzicht leistete.

Daß Perikles, nachdem ihm diese Kühnheit schlecht bekommen, das Blockade-Geschwader in seiner Abwesenheit eine Niederlage erlitten, nunmehr mit der gesammten Flotte bei Samos verblieb, ist sehr erklärlich, auch wenn er nicht mittlerweile etwa eine andere Ansicht von der Action der Phönicier gewonnen. Es ist aber ebenso gut möglich, daß er über diese in der Zwischenzeit andere Nachrichten bekommen hatte.

Pflugk-Harttung fordert in seiner Replik gegen Egelhaaf (a. a. O. S. 247) auf z. B. „das Verhalten Prinz Eugens bei Belgrad" zu vergleichen. Die Parallele ist falsch, da Land- und See-Belagerungen nicht ohne Weiteres gleichzusetzen sind. Prinz Eugen schützte sich gegen das türkische Entsatzheer durch eine Circumvallationslinie und ging aus dieser zum Angriff vor. Das paßt also unter keinen Umständen auf eine Flotte. Der vereinzelte Hinweis auf Belgrad läßt aber erkennen, daß Pflugk-Harttung keine Vorstellung

*) Das sage ich nicht etwa, weil es Stesimbrotus gesagt hat; dessen Nachricht hat als solche natürlich keinen Werth.

davon hat, daß hier ein vielbesprochenes und sehr verschieden beurtheiltes Problem vorliegt. Es handelt sich darum, ob ein belagerndes Heer gegen ein Entsatzheer besser einen Theil detachirt oder sich durch Contra- und Circumvallationslinie deckt. Das Letztere that Cäsar bei Alesia und es geschah meist in der Periode Ludwigs des XIV.; auch Prinz Eugen that es noch bei Belgrad. Er selbst besiegte aber in solcher Lage und grade vermöge der Schwäche solcher Lage das französische Heer vor Turin 1706, wie Pescara und Frundsberg den König von Frankreich Franz I. vor Pavia. Friedrich vor Prag und Napoleon vor Mantua folgten dem anderen Grundsatz, dem Feind entgegenzugehen*).

10. Die früheren Feldzüge des Perikles.

Von den früheren Feldzügen des Perikles wissen wir noch weniger als von dem samischen. Um von dieser ganzen Periode überhaupt ein lebendiges Bild zu entwerfen, ist es nöthig, daß man sich über die wichtigste Persönlichkeit, Perikles, bereits vorher aus der späteren Zeit, über die wir besser informirt sind, eine bestimmte Vorstellung gebildet hat. Nicht die Ereignisse lehren uns die Eigenschaften des Perikles kennen, sondern der Charakter des Perikles muß uns helfen die Ereignisse zu verstehen. Wir haben es oben in anderem Zusammenhang ja schon erfahren, wie Duncker ohne Unter-

*) Clausewitz handelt darüber Buch 7 Cap. 17 (Bd. III S. 40 ff.); ferner im Feldzug von 1796 § 43 und § 68 (Bd. IV S. 125 u. S. 255). Ein ausführliches Verzeichniß der gesammten älteren Literatur über Contra- und Circumvallationslinien findet man in Prittwitz' Repertorium des Festungskrieges 1856 S. 7 bis 9.

lage, ja eigentlich gegen die Aussage der Quellen eine ganze „Epoche des Ephialtes“ construirt hat, offenbar aus keinem anderen Grunde, als weil er dem Perikles, den man sonst schon als den leitenden Mann der Zeit ansieht, eine so überaus kühne und ausgreifende Politik und Kriegführung nicht zutraut. Wer mit der umgekehrten Voraussetzung an die Zeit herangeht, wird auch die umgekehrte Folgerung ziehen: er wird zum wenigsten dem Perikles nicht die Möglichkeit einer solchen Politik und Kriegführung absprechen.

Es wäre für uns nicht nöthig, diese Frage weiter zu verfolgen, wenn sie nicht gerade für die Person des Perikles eine besonders interessante Seite hätte, nämlich: sollen wir annehmen, daß Perikles in die staatsmännisch-militärische Laufbahn mit seinem, man möchte sagen klassischen Temperament und Programm schon eingetreten ist oder daß er eine stürmischere Jugend-Epoche durchzumachen gehabt hat, aus der er erst nach schweren Erfahrungen als der harmonisch-reife Mann hervorging? Es giebt eine Erzählung, die schon in seinem ersten Auftreten den späteren Perikles erkennen läßt. Das Mittel, mit dem sich in Athen die rivalisirenden Volksführer und Factionen bekämpften, war nur zu oft der Criminalproceß. Miltiades und Themistokles sind ihm zum Opfer gefallen. Auch Cimon entging ihm nicht. Unter seinen Anklägern befand sich Perikles und zwar soll er zuerst von allen der heftigste, in dem Proceß selbst aber der mildeste gewesen sein. Cimon wurde freigesprochen, seine politische Stellung aber war erschüttert*). Ist jene Erzählung richtig,

*) Ich nehme dabei mit Duncker an, daß der Proceß erst nach dem messenischen Feldzug stattfand.

so liest man wohl nicht zu viel heraus, wenn man sagt, sie deutet auf einen Mann, der die Mittellinie suchte, auf der er einen politischen Zweck erreichte, ohne Athen von Neuem die Schmach aufzuladen, einen seiner großen Männer zu meucheln.

Unzweifelhaft ist auf der anderen Seite, daß Athen zu einer Zeit, wo Perikles, wenn er noch nicht der leitende Mann war, doch schon zu den leitenden Kreisen gehörte, eine Politik verfolgt hat, ganz entgegengesetzt derjenigen, die als die specifisch Perikleische bezeichnet werden darf und die dem „Kriegsplan" zu Grunde lag. Nicht Beschränkung auf das Meer, sondern gleichzeitig continentale Stellung ist der Inhalt des Strebens; Megara, Trözen, Achaja sind Glieder der athenischen Symmachie; Argos ist eng verbündet; in Böotien wird Theben bekämpft.

Duncker hat, wie wir sahen, statt des Perikles den Ephialtes zum Träger dieser Politik gestempelt, obgleich dessen Persönlichkeit uns nur schattenhaft erkennbar ist*). Selbst damit hat er aber nicht völlig durchkommen können, da jene Politik noch nach dem Tode des Ephialtes fortgesetzt worden ist. Selbst die Schlacht von Oenophyta ist möglicherweise erst nach dem Tode**) des Ephialtes geschlagen und der erfolgreichste Kriegszug des Perikles selbst durch

*) Niese in den Gött. Gel. Anz. 1886 S. 750 ff.

**) Duncker selbst hat in der Abh. d. Berl. Akademie 1884 S. 797 den Tod des Ephialtes spätestens in das Jahr 457 gesetzt; Oenophyta setzt er in den October oder November 458. Die Chronologie dieser Zeit entbehrt aber jeder Sicherheit. Busolt setzt z. B. die Ermordung des Ephialtes schon bald nach der Verbannung Cimons an und diese in das Frühjahr 462. Des Perikles Feldzug durch den korinthischen Meerbusen setzt er in das Jahr 453.

den korinthischen Meerbusen fällt noch ganze zwei Jahre später (455).

Es läßt sich daher kaum bezweifeln, daß auch Perikles einmal zu den Himmelstürmern gehörte, die sich von dem Gedanken der Grenzenlosigkeit athenischer Macht und Herrschaft berücken ließen.

Den Umschwung hat die Niederlage und Vernichtung des athenischen Heeres in Aegypten gebracht. Von jetzt an entwickelt sich mit immer größerer Deutlichkeit und unter der Führung des Perikles die neue Politik, nicht mehr Sparta und Theben auf's äußerste zu bekämpfen, sondern ihnen ihre natürliche Machtsphäre freiwillig zu überlassen. Den ersten bedeutsamen Ausdruck findet diese Idee in der Rückberufung des ostrakisirten Cimon. Perikles selbst stellte den Antrag. Duncker erklärt diesen Schritt, in Consequenz mit seiner Gesammt-Auffassung für einen Fehler. Uns muß er in derselben Consequenz als ein staatsmännischer Meisterzug erscheinen.

Spätestens beim Abschluß des 30jährigen Friedens 445, in welchem Athen, ohne eigentlich dazu gezwungen zu sein, seine ganze festländische Stellung aufgab*), muß Perikles völlig fest und fertig in seiner politisch-strategischen Grund-Idee gewesen sein. Als er mit dem athenischen Heer dem spartanischen in der eleusinischen Ebene gegenüberstand, vermied er die Schlacht, obgleich, wie man die Erzählung des Plutarchs zu verstehen pflegt, viele und tüchtige Hopliten sie forderten. Man könnte es fast bedauern, daß die Worte

*) Ueber die Natur dieses Friedens vgl. im Uebrigen Niese in den Gött. Gel. Anz. 1886 S. 753

Plutarchs neuerdings eine andere, richtigere Auslegung erfahren haben*): die überlegene Einsicht des Perikles würde, wenn er solchen Widerstand zu überwinden hatte, nur um so größer dastehen. Denn selbst wenn die Athener hier gesiegt hätten, so würden sie damit in Bahnen hineingerissen worden sein, die sie zuletzt doch in's Verderben führten. Solche Lagen giebt es und mit dem bloßen Ruf nach Kühnheit und Schneidigkeit kommt man nicht darüber hinweg. „Wenn Eure Kaiserliche Majestät auch Zehen Victorias würden erhalten, sei doch nichts gewunnen" ließ Wallenstein im Jahre 1633 dem Kaiser sagen**). Man ermordete ihn deshalb, der Kaiser gewann die Schlacht bei Nördlingen, er trieb die Schweden bis fast an die Ostseeküste zurück, seine Heere drangen tief nach Frankreich hinein und endlich hat Wallenstein dennoch Recht behalten, Deutschland aber hat mit grenzenlosem Jammer den kaiserlichen Kriegsmuth bezahlt.

Wir wollen es nicht unterlassen, an dieser Stelle noch den specifischen Unterschied der Pflugk-Harttung'schen und Duncker'schen Auffassung hervorzuheben. Die letztere ist in sich nicht durchaus consequent: trotz der Hülfsconstruction der Epoche des Ephialtes, trotz der Aufsteckung des falschen

*) Ulr. Köhler im Hermes B. 24 H. 1 S. 97. Diese Untersuchung Köhlers ist zugleich ein vortreffliches Beispiel, was für Momente oft mitgespielt haben können in großen Entscheidungen, von denen uns nichts überliefert ist. Man hat bisher angenommen, daß Perikles, als er den Spartanern gegenüberstand, die athenische Gesammtmacht zur Verfügung hatte. Durch richtige Einordung einer Inschrift hat nun Köhler combinirt, daß von den 10 Phylen drei, also fast ein Drittel des athenischen Heeres, damals in Pagä abgeschnitten waren und sich unter Führung eines Megarers durch Böotien retten mußten.

**) Bericht Trautmannsdorfs v. 27. Nov. 1633.

Zieles einer Unterwerfung von ganz Griechenland bricht durch das Bild eines in Kurzsichtigkeit und Aengstlichkeit fortwährend erstickenden Perikles immer von Zeit zu Zeit wieder ein ganz anderer Perikles von Schwung, Weitblick und Entschlossenheit hindurch. Meist stehen die Widersprüche unvermittelt nebeneinander; einmal, bei dem megarischen Psephisma, weiß der Autor sich nicht anders als in's asylum ignorantiae zu retten; bei der sicilischen Politik schlägt der Ton des Vorwurfs auch einmal nach der anderen Seite um und es verlautet etwas von Tollkühnheit. Uns ist es ja bei Friedrich nicht anders gegangen: obgleich wir uns alle Mühe gegeben haben, kein gutes Haar an ihm zu lassen, so haben wir doch den Zweck auch nicht anders erreichen können, als daß wir einmal aus dem Vorwurf der Feigheit mit einem salto mortale in den der Tollkühnheit übergegangen sind. Pflugk-Harttung ist dergleichen nicht passirt, wie das bei dem genügend gekennzeichneten Charakter seiner Schrift auch ganz begreiflich ist. Dunckers Arbeit aber ist ein durch und durch solides, ernsthaftes, wissenschaftliches Werk, dessen ganzes Unglück aus einer falschen Doctrin entsprungen ist. So fest war der Autor in ihr befangen, daß die stärksten Thatsachen das Netz nicht mehr zu zerreißen vermochten und unbeirrt sein Geist sich zu den ungeheuerlichsten Consequenzen vorwärts schraubte. Die widersprechenden Thatsachen nun aber völlig hinauszubugsiren, war er viel zu gewissenhaft, zu gelehrt, zu sorgfältig in der Einzelforschung. So ist, als ein unschätzbarer Vorzug, Dunckers Buch an innerer Harmonie weit hinter dem seines Vorgängers Pflugk-Harttung zurückgeblieben.

11. Schluß.

Wir haben festgestellt, daß bei dem politischen Zweck des peloponnesischen Krieges für die Athener und bei dem gegenseitigen Stärke-Verhältniß die Grundsätze der Ermattungs-Strategie in Anwendung zu bringen waren. Der höchste Grundsatz dieser Strategie ist die Vereinigung des Gesetzes der Kühnheit mit dem Gesetz der Oekonomie der Kräfte, oder nach Clausewitz' Ausdruck*), daß sie „nicht zaghaft, sondern im Augenblick der Gefahr sehr entschlossen, übrigens aber vorsichtig ist und die abgemessenen Kräfte gut zu schonen weiß". Wir haben festgestellt, daß eine rationelle Schonung der athenischen Streitkräfte in überlegter Weise stattgefunden hat. Wir haben auf der anderen Seite auch festgestellt, daß vermöge der eigenthümlichen Vertheilung der beiderseitigen Streitmittel auf verschiedene Elemente die große Schlachtentscheidung, also das höchste Wagniß, völlig ausgeschlossen war; daß aber dennoch kriegerische Unternehmungen und Thaten des Perikles von großer Entschlossenheit, sei es in diesem, sei es in früheren Kriegen, vorliegen. Wir haben in der ganzen langen politisch-militärischen Laufbahn des athenischen Feldherrn ein Ereigniß, welches aus ungenügender Entschlußkraft zu erklären wäre, nicht aufgefunden. Die Frage ist, ob nun die Thaten der Entschlossenheit und Kühnheit, die wir kennen, genügen, nicht nur ihn von jedem positiven Vorwurf zu entlasten, sondern ihm auch den Charakter eines seine Stellung und seinen historischen Beruf voll ausfüllenden Feldherrn zuzuerkennen.

*) Feldzüge Friedrichs § 7 Bd. X S. 33.

Wir sind bereits im Laufe der Untersuchung einmal zu einer analogen Frage gedrängt worden, in der Form: wenn auch es sich herausstellt, daß die Kriegführung des Perikles auf denselben Grundsätzen beruhte, wie diejenige Friedrichs des Großen, wo ist für Jenen die Garantie, daß seine Mäßigung nur der Einsicht, nicht der Schwäche entsprang, die uns für Diesen in so überwältigender Weise seine Schlachten geben?

Daß Pfänder von so leuchtender Größe für Perikles nicht vorhanden sind, ist klar; sonst hätte die Frage nach seinem Feldherrnthum überhaupt nie aufgeworfen werden können. Aber für den, dessen Blick nicht bloß von dem äußeren Umfang der Dinge eingenommen wird, fehlt es an sicheren und ausreichenden Kennzeichen nicht.

Die Grund-Idee der Perikleischen Politik wie Strategie ist die Beschränkung auf das Meer; ihr zu Liebe ist er aus festländischen Positionen gewichen. Sobald aber die Meeresherrschaft in's Spiel kommt, ist er nicht nur niemals gewichen, sondern, was das eigentliche Zeichen des echten politischen und strategischen Muthes ist, der Gefahr stets entgegengegangen. Seine Bündnißpolitik mit Korkyra und den Westgriechen läßt sich Duncker selbst hinreißen, als Waghalsigkeit und Tollkühnheit zu bezeichnen und in der Führung des samischen Krieges wird man in der That von diesen Worten nicht sehr fern bleiben dürfen. Die Annahme oder Herausforderung der Schlacht bei Tragia mit einem geringen Bruchtheil der athenischen Kräfte, statt die Versammlung einer großen Uebermacht abzuwarten; der Vorstoß nach Karien in der Erwartung, der großen persischen Flotte zu begegnen, zeigen etwas von dem Zuge einer nicht bloß politischen, sondern einer eingeborenen Krieger-Natur, die nicht allein in dem Schluß-Erfolg, sondern auch in Schlacht und Sieg selbst ihre Genugthuung und Entladung sucht. Der endliche große Kriegsbeschluß, die Entscheidung über das megarische Psephisma, gehört zwar der Form nach in das Gebiet der Politik, ist aber im Kern nicht weniger strategischer Natur. Ich rechne diese Entscheidung zu denen, deren nur der wahrhaft große Mann fähig ist. Freilich war der Krieg schon unvermeidlich, aber dieses unvermeidliche Schicksal doch noch in so viele Schalen eingehüllt, daß auch der klarste Verstand in einem Charakter, der der leisesten Aengstlichkeit in den großen Fragen an das Schicksal zugänglich war, sich noch selbst mit Scheingründen getäuscht und eine weitere kurze Frist der Ruhe durch Nachgiebigkeit zu erkaufen gesucht hätte.

Von dem peloponnesischen Kriege fallen nur anderthalb Feldzüge unter die volle Führung des Perikles. Das ist sehr wenig bei einem Krieg, der planmäßig auf eine lange Dauer angelegt wird; aber das Unternehmen gegen Epidaurus, obgleich es scheiterte, genügt vollauf uns zu zeigen, daß dem Führer der Athener nichts ferner lag, als Initiative und Unternehmungsgeist in bedachtsamer Methodik zu ersticken. Sein Programm „die Gelegenheit, die nicht wartet, wahrzunehmen", ist im Wesen identisch mit demjenigen Friedrichs, als ihm die Schlacht keine Chancen mehr bietet, über die Detachements des Feindes herzufallen. Dies Programm noch praktisch auszuführen, was auf die Urkunden seiner Feldherrngröße das letzte Siegel gedrückt haben würde, ist Perikles nicht mehr vergönnt gewesen. Wer auch ungesiegelte Urkunden auf Echtheit zu prüfen versteht, wird trotz der leeren Stelle nicht zweifeln.

Der Historiker, der Perikles charakterisirt und ihn neben Themistokles und Cimon stellt, mag sich versucht fühlen, zu sagen, daß Jener eine Schlacht von Salamis und vom Eurymedon nicht gewonnen habe. Das ist gewiß richtig und doch wäre die Färbung, die die Perikles-Charakteristik dadurch erhält, ungerecht. Ranke hat von Karl dem Großen gesagt: eine Schlacht von Poitiers hat er nicht gewonnen. Man hat auch diese Wendung unbillig gefunden, da Karl ja die Schlacht nur deshalb nicht geschlagen, weil sie schon geschlagen war; ihrer fähig wäre er sicher nicht minder gewesen als sein Großvater. Ich glaube das auch, obgleich Karl ja nur in einem einzigen Jahre seines langen Kriegerlebens wirkliche Schlachten geschlagen hat; aber so unbillig ist die Wendung Rankes darum doch nicht und zwar deshalb nicht, weil die Tradition in einer sehr ungerechten Weise den ganzen Ruhm des karolingischen Hauses auf das eine Haupt des großen Kaisers gesammelt hat. Einer solchen Tradition gegenüber scheint jener vergleichende Hinweis wohl am Platz. Bei Perikles findet dieser Umstand nicht statt. Des Themistokles und Cimon Ruhm ist der Historie und der Nachwelt so lebendig wie nur einer; die Plastik ihrer Thaten prägt sich dem Gedächtniß und der Empfindung von selbst ein. Mehr Kunst und feineres Verständniß gehört dazu, den Genius des Perikles darzustellen und aufzufassen. Jedes Wort, das ihn hinter jene Anderen zurückstellt, ist daher für die rechte Tönung gefährlich. Gewiß hat er keine Schlacht vom Eurymedon und am wenigsten eine von Salamis gewonnen. Diese letztere ist überhaupt so eigener Art, so mit der Individualität des Themistokles verwachsen, daß man keinem Feldherrn der Welt zumuthen wird, eine ähnliche gewonnen zu haben. Die Schlacht vom Eurymedon aber war eine herzhafte große Schlacht wie andere auch und es ist kein Grund anzunehmen, daß Perikles, wenn er in die Lage dazu gekommen wäre, wenn ihm etwa die persische Flotte 440 an der karischen Küste entgegentrat, er in ihr nicht einen Lorbeer erworben haben würde wie Cimon 25 Jahre früher. Daß er statt nach solchen Ruhmesthaten zu streben, dem persischen Kriege, der weitere dauerhafte Früchte nicht mehr bringen konnte, ein Ende machte, gehört mit in die Reihe der großen Entschlüsse negativer Natur, wie der Verzicht auf die Festland-Gebiete und die Räumung Attikas vor der Invasion, die zwar keinen unmittelbaren Ruhm bringen, auch für sich keine staatsmännische Größe begründen können, aber als Folie einer großen positiven Politik den tiefen Hintergrund verliehen, der das Verständniß, das sich in ihn versenkt, zur höchsten Bewunderung hinreißt.

Niemals wird die Weltgeschichte, wenn sie von Perikles spricht, ihn unter dem Gesichtspunkt des großen Feldherrn darstellen; deshalb nicht, weil es nicht sein Beruf war. Sein Beruf war der des Staatsmannes; in ihm wird sie ihn schildern, aber als wesentlicher Theil der staatsmännischen Größe muß die militärische Leistung erscheinen, die Wahrheit und Entschlossenheit der strategischen Conception, der Muth und die Beharrlichkeit in der Ausführung, das Commando in der siegreichen Schlacht.

Anhang.

Zwei kriegsgeschichtliche Untersuchungen betreffend Thucydides und Kleon.

Unsere Untersuchung hat festgestellt, daß ganz abgesehen von dem Vertrauen in das subjective Urtheil des Thucydides, auf Grund einer Reihe von nirgends angezweifelten Thatsachen Perikles als ein großer Staats- und unverweislicher Kriegsmann angesehen werden muß. Für eine völlig abgerundete Charakteristik des Helden genügt das noch nicht; gewisse Tinten können nicht unmittelbar aus Thatsachen, sondern nur aus dem Urtheil des Thucydides geschöpft werden; ohne eine feste Stellungnahme zu der Frage der Glaubwürdigkeit und Urtheilskraft des alten Geschichtschreibers ist daher für den heutigen ein Periklesbild nicht zu schaffen. Die Lösung dieser Frage liegt außerhalb des Rahmens meiner Aufgabe; aber wie mittelbar die Perikles-Untersuchung schon ein wesentlicher Beitrag zur Thucydides-Frage geworden ist, so möchte ich auch für zwei andere Partien dieses Problems, die ihrerseits wieder eine gewisse sachliche Ergänzung zum „Perikles“ geben, die Untersuchung noch weiterführen. Es handelt sich um das Feldherrnthum des Thucydides selbst und des Kleon.

I. Thucydides.

Grote und Mure haben aus des Thucydides eigener Darstellung herauslesen wollen, daß durch seine Schuld Amphipolis verloren gegangen und er deshalb mit Recht von den Athenern bestraft worden sei. Mehrere deutsche Forscher, namentlich Oncken sind dieser Ansicht gefolgt und, obgleich in einer vortrefflichen Abhandlung (Programm des Friedrich-Werder'schen Gymnasiums 1869) Hermann Hiecke jener Anklage entgegengetreten ist, so ist sie doch keineswegs zum Schweigen gebracht worden. In der That hat die Hiecke'sche Untersuchung, die man sonst in Allem, was sie positiv sagt, einfach acceptiren und unterschreiben darf, eine kleine Lücke, die um jene Anklage völlig abzusperren, noch der Ausfüllung bedarf.

Es ist die Frage, weshalb Thucydides mit seiner Flotte bei Thasos und nicht bei Eion war. Hiecke erklärt das so, daß nicht bloß Amphipolis, sondern auch Thasos selbst und die gegenüberliegende thracische Küste beobachtet und im Zaum gehalten werden mußten. Seine Beweise dafür sind unanfechtbar, aber die Begründung genügt nicht ganz für die Behauptung. Auch von Eion aus konnten unzweifelhaft Thasos und Thracien unter genügender Aufsicht und Druck erhalten werden.

Man muß sich die der athenischen Flotte und dem athenischen Feldherrn gestellte Aufgabe klar machen. Das

Heer des Brasidas bedrohte sämmtliche athenische Kolonien und Bundesorte auf der Chalkidike und in Thracien. Die natürliche und durchschlagendste Gegenmaßregel wäre gewesen, ein stärkeres Heer von Athen hinzusenden und offensiv gegen Brasidas vorzugehen. Nur wenn es gelang das peloponnesische Heer zu vernichten oder wieder zu vertreiben, konnte das thracische Gebiet wirklich für gesichert gelten. Auch die solcher Gestalt den Spartanern beigebrachte Niederlage an sich wäre für den richtig gefaßten Endzweck des Krieges im Sinne des Perikles wirkungsvoller gewesen, als das große Unternehmen gegen Böotien, das eben die Athener beschäftigte, das selbst im Falle eines Sieges sie in eine auf die Dauer nicht zu behauptende Stellung gebracht hätte, das aber gleich beim ersten Anlauf, weil es ihre Kräfte bei Weitem überstieg in einer großen Katastrophe zusammenbrach. Ein Staatsmann aber, der so viel Besonnenheit gehabt hätte, das einzusehen, so viel Energie, einen großen thracischen Feldzug in's Auge zu fassen, und so viel Autorität mit diesem Gedanken bei seinen Mitbürgern durchzudringen, existirte damals in Athen nicht. Die Athener richteten ihre Kraft und Aufmerksamkeit nach Böotien und der Schutz Thraciens ward einer Macht anvertraut, deren Größe wir nicht kennen, die aber jedenfalls der des Brasidas nicht gewachsen war. Nun wäre schon ein Offensiv-Feldzug gegen den Brasidas auch mit Uebermacht äußerst schwierig gewesen: Brasidas war gleichzeitig spartanischer General, Bundesgenosse einer Anzahl griechischer Orte, die von Athen abgefallen waren und Condottiere des Königs von Macedonien: nur in einer großangelegten Combination von Krieg und Politik hätte man ihm beikommen können. Noch sehr viel schwerer aber war es, auf die bloße Defensive angewiesen, eine große Zahl weit auseinanderliegender Ortschaften mit einer Mindermacht gleichzeitig gegen ihn zu decken. Die militärtheoretischen Werke schreiben in einem solchen Falle vor, daß der Vertheidiger nicht jeden Ort einzeln durch einen Theil seiner Macht zu schützen suche, sondern daß er seine Kraft an einem Centralpunkt möglichst zusammenhalte und ein gutes Nachrichten- und Beobachtungswesen organisire, um an jedem bedrohten Punkt sofort mit allen verfügbaren Kräften erscheinen zu können. So stark müssen die vorhandenen Kräfte natürlich sein, daß sie bei rechtzeitigem Erscheinen den Feind an seinem Vorhaben zu verhindern im Stande sind. Auch bei unserem Feldzuge wird man annehmen dürfen, daß sie für diesen Zweck stark genug waren. Es handelt sich um den Schutz von Städten, die eine bedeutende eigene Defensivkraft haben und Brasidas' Uebermacht war sicherlich nicht so groß, daß er eine Stadt hätte belagern können, wenn die athenische Flotte mit ihrer Besatzung entweder die Zahl der Vertheidiger direct verstärkte oder durch Operationen in seinem Rücken seine Verbindungen unterbrach, ihm die Zufuhr abschnitt, die moralische Kraft der Vertheidiger durch solche Hülfe stärkte. Die Schwäche des Vertheidigers in solcher Position liegt generell darin, daß erstens eine für alle Eventualitäten gleich günstige Centralstellung oft nicht zu finden und zweitens der Erfolg von so sehr vielen einzelnen untergeordneten Instänzen abhängig ist. Eine einzige Unaufmerksamkeit einer Wache, selbst Unzuverlässigkeit eines Boten oder ungenügende Vertheidigung eines angegriffenen Punktes im ersten Augenblick kann dem Angreifer den Sieg geben. Ehe der Vertheidiger zur Stelle ist, ist die Hauptsache entschieden. Diese Verhältnisse machen die Lage des Vertheidigers so schwierig, daß einem thätigen und anschlägigen Feind gegenüber kaum auf dauernden Erfolg gehofft werden kann. Wer aus dem Studium der Kriegsgeschichte eine rechte Vorstellung von dieser Schwierigkeit gewonnen hat, wird von vornherein nicht geneigt sein, einem Feldherrn, der in solcher Lage einmal einen Verlust erlitten, deshalb eine Schuld beizumessen.

Als Beispiel, an dem man sich diese Dinge klarmachen kann, wäre etwa der Feldzug Friedrichs im Jahre 1761 nach der Vereinigung Laudons und Butturlins zum Studium zu empfehlen. Der König ist zur Offensive zu schwach und muß mit seiner Mindermacht die schlesischen Festungen, Neiße, Brieg, Breslau, Glogau, Schweidnitz zu decken suchen. Am meisten bedroht, weil die Oestreicher hier ihre Magazine in der Nähe haben, ist Schweidnitz. Der König wählt deshalb eine Stellung, die Schweidnitz unmittelbar deckt und so weit vorgeschoben ist, daß sie ihm die Verbindung mit Breslau sichert (Generalstabswerk S. 340 u. 391). Die Stellung hatte große Mängel. Es war trotz künstlicher Befestigungen nicht unmöglich, sie zu forciren, und der Feind war, was der König nach seiner Darstellung besonders besorgte, nicht verhindert, gegen Breslau zu detaschieren. Aber es war immerhin die beste Stellung, die zu finden war und Etwas mußte man auch, wie der König sich tröstete „dem Zufall überlassen". Wirklich hat das Lager von Bunzelwitz auch seinen Zweck vollständig erreicht. Der Feind getraute sich nicht, es anzugreifen und zog endlich unverrichteter Sache wieder ab. Aber wie eben im Kriege der Zufall Gott ist, so geschah es, daß noch hinterher das Hauptobject der Campagne, Schweidnitz in einem glücklichen Ueberfall von den Oestreichern genommen und Friedrich so durch die Unaufmerksamkeit eines Commandanten um die Frucht seiner schon mit Erfolg gekrönten Anstrengungen gebracht wurde.

Wie schwierig die im Jahre 424 dem Thucydides gestellte Aufgabe war, bezeugen nun die Autoren, die sich mit der Sache beschäftigt haben, meist indirect dadurch, daß sie sie von vornherein einschränken. Brasidas bedrohte von größeren Orten Torone, Potidäa, Mende, Skione, Amphipolis und die ganze jenseits Amphipolis liegende thracische Küste. Die neueren Autoren aber, und zwar auch die Vertheidiger des Thucydides, pflegen die Voraussetzung zu machen, daß südlich des Strymon für die Athener nichts mehr zu thun gewesen sei. Ist es denkbar, daß dem athenischen Feldherrn von Hause eine solche Instruction mitgegeben worden ist? Niemand wird das glauben. Die Athener, die eben noch in der Hoffnung schwelgten, Böotien niederzuwerfen, die in jedem Augenblick einen vortheilhaften Frieden schließen konnten, können unmöglich den Beschluß gefaßt haben oder auch nur dem Gedanken Raum gegeben, daß die ganze Chalkidike ihrem Schicksal zu überlassen sei. Hätte der athenische Feldherr, dem dies Gebiet anvertraut wurde, etwa räsonniren wollen, daß doch Amphipolis und die Strymonlinie das Wichtigste sei und er deshalb Kräfte und Aufmerksamkeit allein auf diesen Punkt zu concentriren habe, so würde er sich zwar damit seine Aufgabe sehr erleichtert, aber gegen alle politische und militärische Vernunft gehandelt haben. Welchen moralischen Eindruck würde das durch die ganze hellenische Welt gemacht haben, wenn man erfuhr, daß Athen sich selber die Vertheidigung seines Besitzstandes nicht mehr zutraue? Binnen Kurzem wären die Städte der Chalkidike in Brasidas' Hand gewesen und mit vervielfältigter Kraft hätte er nunmehr ein Unternehmen gegen Amphipolis ins Werk setzen können. Zwei Mal hat Brasidas später Versuche auf Potidäa gemacht: man stelle sich vor, daß ein solcher Versuch gelungen, daß der athenische Flottenbefehlshaber keine Hülfe gebracht und daß er sich damit entschuldigt hätte, er habe Amphipolis für wichtiger gehalten und deshalb seine Kräfte von der Nordseite nicht entfernen mögen! Man braucht das Alles nur auszusprechen, um völlig sicher zu sein, daß dem Thucydides und Eukles mit ihren Schiffen und Mannschaften die Obhut über die ganze Provinz „τὰ ἐπὶ Θρᾴκης“ zugewiesen war.

Sucht man nun geographisch nach der von der Theorie geforderten Centralstellung, von wo aus jedem bedrohten Punkt in kürzester Frist Hülfe gebracht werden konnte, so ergiebt sich, daß eine solche Stellung nicht existirt. Da am Athos eine Flotte nicht stationiren kann, so wäre die Südseite der Insel Thasos immer noch der geeignetste Platz*), aber von hier bis Potidäa ist mehr als eine Tagereise.

*) Die englische Admiralitätskarte zeigt auf der Südseite eine Bucht mit Sandstrand.

Geographisch möchte deshalb Eion als Stellung der Insel Thasos noch vorzuziehen sein, da jenes von den Orten jenseits des Athos zwar noch um einige Stunden weiter entfernt ist, dafür aber wenigstens einen sehr wichtigen Punkt direct deckte. Mit dieser rein geographischen Betrachtung ist hier aber überhaupt nicht auszukommen. Die zu deckenden Orte liegen so weit auseinander, daß die erste Bedingung für eine erfolgreiche Vertheidigung immer ihre eigene Widerstandskraft sein mußte. Durfte man nicht hoffen, daß die Plätze wenigstens 36—48 Stunden einen Angriff aushielten, so war überhaupt nichts zu machen. Diese Hoffnung aber durfte man sehr wohl hegen. Rein militärisch hatten die Plätze sämmtlich eine durchaus genügende Widerstandskraft*): was zu fürchten war, war momentane Unaufmerksamkeit und vor Allem Verrath seitens der antiathenischen Parteigänger innerhalb der Kolonien selbst. Die Aufmerksamkeit der athenischen Feldherren mußte deshalb in erster Linie nicht so sehr darauf gerichtet sein, allenthalben sofort mit ganzer Macht zur-Stelle sein

*) Das ist bei griechischen Colonien im Barbarenlande selbstverständlich und es findet sich auch keine Andeutung bei Thucydides, daß die Befestigung von Amphipolis an irgend einem Mangel gelitten hätte. Das „οὐ καϑεῖτο τείχη ὥσπερ νῦν" IV, 103, 5 geht nur darauf, daß die Strymonbrücke nicht in die Befestigung hineingezogen war. Daß V, 10, 2 die Füße der Menschen und Pferde unter dem Thor durchzusehen sind, ist für unsere Begriffe zwar auffallend, aber kein Mangel an fortificatorischer Stärke; solchen hätte Brasidas sicher abgestellt. Gerade ein so außerordentlich exponirter Platz wie Amphipolis muß von Anfang an mit einer gegen jeden Ueberfall unbedingt sichernden Befestigung versehen gewesen sein und diese Befestigung war ja erst 13 Jahr alt.

zu können, als, wo es nöthig war, die Stadtbefestigungen auszubessern und zu verstärken und durch Controlle und moralischen Eindruck die Machinationen der heimlichen Gegner niederzuhalten. Als geeignetes Mittel möchte dazu erscheinen, daß die athenische Flotte vor den verschiedenen Städten sich zuweilen zeigte, die athenischen Feldherren in persönlicher Rücksprache die Gemeindevorstände und Volksführer ermahnten, anspornten und encouragirten, die getroffenen Maßregeln controllirten.

Die Behauptung der Ankläger des Thucydides, daß dieser seine ganze Flotte bei Eion hätte stationiren müssen, ist, glaube ich, damit widerlegt. Ein solches Stratagem würde dem Geiste der zu führenden Vertheidigung nicht entsprochen haben. Weder war es überhaupt angebracht, die ganze Flotte so ängstlich zusammenzuhalten, noch sie an einer Stelle festzulegen. Die am allernächsten und meisten bedrohte Stelle war auch garnicht einmal Eion mit Amphipolis, sondern Potidäa. Hier lag in unmittelbarer Nähe der feindliche Hauptwaffenplatz Olynth; vor Amphipolis aber lag noch Argilos, so daß jenes nicht in erster, sondern erst in zweiter Linie bedroht erschien.

Endlich nun aber der ganz entscheidende Grund, auf den ich von seemännischer Seite aufmerksam gemacht worden bin, weshalb die Athener weder ihre ganze noch einen Theil ihrer Flotte bei Eion stationiren durften. Die erste Bedingung für den Chef eines Geschwaders bei der Wahl einer festen Stationirung ist die unbedingte Sicherheit. Bei Eion ist kein Hafen; die Trieren mußten also für den Winter aufs Land gezogen werden. Nun scheint nach der englischen Admiralitätskarte zwar das Ufer auf der Ostseite des Strymon einen schmalen Dünenstrand zu haben, der wohl zur Aufstellung der Schiffe genügt hätte, aber die Sicherung sowohl gegen feindlichen Ueberfall wie auch gegen die Desertion der Rudersclaven konnte hier niemals vollständig erreicht werden. Belegte sich der Strymon etwa mit Eis, so war die Position sogar äußerst gefährdet. Eine Insel, nur eine halbe Tagereise entfernt, mußte sich deshalb als der unzweifelhaft natürlichere und vorzuziehende Stationsort empfehlen. Wäre die militärische Situation derartig gewesen, daß Alles davon abhing, binnen einer Stunde Amphipolis und nur Amphipolis Hülfe zu leisten, so hätte man auch die Gefahr und den Schaden der Station von Eion auf sich nehmen müssen. Das aber war die Voraussetzung der Situation, wie wir gesehen haben, nicht. Sie war vielmehr, daß viele Orte zugleich bedroht waren und daß jeder dieser Orte wenigstens für einen Tag genügende eigene Widerstandsfähigkeit besitze. Amphipolis ist verloren gegangen, weil mit einem genialen Stratagem Brasidas von der Einnahme der vorliegenden Stadt Argilos sofort zu einem Angriff auf die Strymonbrücke weiter schritt, weil Unaufmerksamkeit und Verrath ihm diese Brücke ohne Aufenthalt in die Hände spielten und von Neuem Brasidas die Wirkung der Ueberraschung in einer genialen Combination von Politik und Taktik so anzuwenden wußte, daß die Amphipolitaner auf Widerstand verzichteten und binnen weniger als zwölf Stunden Alles entschieden war. Ob Thucydides mit den sieben Schiffen, mit denen er am Abend vor Eion ankam, bei Thasos dauernden Aufenthalt genommen hatte, ob er nur zufällig an dem Tage bei Thasos war, wie viel weitere Schiffe er noch hatte, wo diese stationirt waren oder kreuzten, das Alles wissen wir nicht. Da Thucydides sagt, daß er „gerade mit sieben Schiffen bei Thasos war" („ὄντα περὶ Θάσον ἑπτὰ ναυσὶν αἳ ἔτυχον παροῦσαι") und daß die Amphipolitaner die Hülfe nicht so sehr schnell erwarteten („οὐ προσδεχόμενοι βοήθειαν ἐν τάχει"), so ist wohl anzunehmen, daß der Aufenthalt bei der Insel nicht den Charakter einer dauernden Stationirung der athenischen Hauptmacht hatte. Thucydides hätte ja, wie wir gesehen haben, ohne gegen die Natur seiner strategischen Aufgabe zu handeln, ebenso gut in dem Augenblick in Potidäa sein können. Man mag bedauern, daß wir das nicht wissen; es hätte aber nicht in die Darstellungsweise des Thucydides gepaßt, uns darüber etwas zu sagen. Denn alle jene Fragen sind für die Entscheidung irrelevant und Thucydides sagt immer nur das, was für den Gang der Dinge wesentlich ist. Wesentlich aber war stete Bereitschaft wenigstens eines Theils der Flotte, wo sie auch gerade war, und ein gutes Nachrichtenwesen; das letztere muß fungirt haben, da Thucydides sonst unmöglich am Abend hätte in Eion sein können. Man kann sich kaum anders denken, als daß er durch Signale herbeigerufen worden ist*). Wesentlich war ferner

*) Nach dem Wortlaut seiner Erzählung allerdings „schicken" die Amphipolitaner zu ihm und er „hört" ihre Botschaft. Von Amphipolis bis zur Stadt Thasos ist in Luftlinie zehn Meilen. Die directe Verbindung mit Eion war durch Brasidas unterbrochen; der Bote mußte also weiter ostwärts einen Küstenort erreichen und von hier überfahren. Etwas näher als die Stadt Thasos ist die südöstliche Bucht. Vielleicht wurde Thucydides zunächst durch Signale allarmirt und

Zuverlässigkeit und Aufmerksamkeit der Local-Vertheidigung. Hieran hat es gefehlt. Ob Thucydides hierbei eine Schuld trifft, wissen wir nicht. Da ein anderer athenischer Strateg an Ort und Stelle war, ist es höchst unwahrscheinlich. Ob aber auch nur über diesen, Eukles, so sehr hart zu urtheilen sei, wie es Ankläger und Vertheidiger des Thucydides gleichmäßig thun, möchte ich, wenn ich mir analoge Ereignisse in der Kriegsgeschichte durch den Kopf gehen lasse, doch nicht so bestimmt sagen. Ich möchte auch der Genialität des Brasidas nicht zu nahe treten. Auch ihm ist es ja freilich geschehn, daß ihm von einem so gering geschätzten General wie Kleon eine Stadt eingenommen wurde, während er nur eine Meile davon entfernt war, aber bei seinem Feldzuge gegen Amphipolis habe ich doch den Eindruck, daß der Erfolg erreicht wurde nicht sowohl durch eine unerhörte Nachlässigkeit und Unfähigkeit auf der einen, sondern durch wunderbare Thatkraft und Genialität auf der anderen Seite.

Von einer Schuld oder Mitschuld des Thucydides ist in dem uns überlieferten Thatbestand jedenfalls keine Spur zu finden.

II. Kleon.

Ganz wie der Feldzug des Thucydides von Hiecke, so scheint mir die Kleon-Frage von Wallichs (Programm von Flensburg, 1866) durchaus treffend und unangreifbar behandelt zu sein: nur daß auch hier eine kleine Lücke und zwar wieder kriegsgeschichtlicher Natur geblieben, durch die

„hörte“ das Nähere halbwegs durch den ihm gleichzeitig entgegengeschickten Boten.

der Zweifel immer wieder hineingedrungen ist. Auch hier möchte ich also versuchen, die Lücke auszufüllen, indem ich im Uebrigen die Wallichs'sche Abhandlung als Grundlage der folgenden Untersuchung acceptire und voraussetze.

Die Gegner, mit denen wir uns auseinandersetzen müssen, sind namentlich Brock, Oncken, Büdinger und Lange*), die die Gedanken Grote's fortbildend und verfeinernd, gleichzeitig die Wahrheitsliebe und den objectiven Thatbestand Thucydides' festhalten, seine subjectiven Urtheile aber auf Grund desselben Thatbestandes zu Gunsten Kleons modificiren. Gerade darin sehen diese Forscher einen Beweis für die außerordentliche Correctheit des Thucydides, daß selbst da, wo er wirklich in der stärksten persönlichen Antipathie befangen war und dieser nach menschlicher Weise in seinem Urtheil, seiner Motivirung, seinem Ton einige Opfer brachte, er doch den objectiven Thatbestand so fest überliefert, daß wir heute im Stande sind, ihn von allem Subjectiven loszulösen um ein selbständiges Urtheil danach zu bilden. Hauptsächlich werde ich die jüngste dieser Arbeiten, die Lange'sche zu Grunde legen, die frei von allen Phrasen mit einem verständigen, ruhigen Urtheil das Thema behandelt und am Schluß in einer sehr treffenden Formel die

---

*) Brock, Zur Beurtheilung Kleons des Atheniensers. Progr. v. Celle. 1859.

Oncken, Athen und Hellas. II. 1866.

Büdinger, Kleon bei Thucydides. Sitz.-Ber. der Wiener Akademie Bd. 96. 1880. S. 367 ff.

Lange, Kleon bei Thucydides. Progr. v. Burgsteinfurt. 1886.

Das Programm von Emminger war mir nicht zugänglich; nach Bauer Jahresber. S. 133 enthält es nichts Neues.

Methode angiebt, nach der das Problem bearbeitet werden muß. Lange sagt, er hoffe eine Auffassung begründet zu haben, „von der aus sich alle geschichtlichen Thatsachen in genügender Weise erklären lassen", derart, „daß kein innerer Widerspruch bestehen bleibt".

Nicht anders darf man in der That verfahren. Ein directer Beweis ist bei dem Verdacht, unter dem der fast einzige Zeuge Thucydides in dieser Frage steht, nicht zu führen. Es bleibt also nur der indirecte Weg, daß man die verschiedenen Auffassungen, die möglich sind, darauf untersucht, ob sie ohne einen Widerspruch alle Thatsachen genügend erklären. In Betracht kommen, da bisher keine anderen aufgestellt sind, thatsächlich nur zwei Auffassungen, die des Thucydides selbst und die, die obgleich von Grote begründet, ich jetzt kurzweg die Lange'sche nennen will. Es wäre möglich, daß beide Auffassungen dem aufgestellten Kriterium der indirecten Beweisführung entsprechen. Die Zahl der feststehenden Thatsachen ist ja zuletzt so gering, daß sehr wohl verschiedene Gruppirungen ohne inneren Widerspruch sich denken ließen, und wir müßten uns dann mit dem non liquet bescheiden. Müller-Strübing, der sich in der Thucydides-Auffassung selbst anders stellt, lasse ich bei Seite.

Der Punkt, wo die Untersuchung einsetzen muß, ist Kleons großer Erfolg bei Sphakteria. Binnen zwanzig Tagen wolle er ihnen die Spartaner todt oder lebend bringen, hatte er den Athenern versprochen und er hat dies Versprechen erfüllt, „so toll (μανιώδης) es war", sagt uns Thucydides. Wie kann man ein Versprechen, das auf's Wort erfüllt worden ist, noch hinterher toll nennen! So lautet der Einwand, den Grote erhoben hat und der immer von Neuem wiederholt wird. Kleon hat ja sein Versprechen nicht nur erfüllt, sondern er hat es auch erfüllt, ohne daß ihm irgend ein unerhörter, nicht vorauszusehender Zufall zu Hülfe gekommen wäre. Man hat (namentlich Büdinger) auf den Waldbrand hingewiesen, der die Aufgabe der Athener unerwartet erleichterte. Aber es ist klar, daß dieser Zufall wohl eine Erleichterung schuf, aber keineswegs erst die Möglichkeit. Man hat ferner hingewiesen auf die Möglichkeiten der Störung durch Wind und Wetter, die zwar nicht eintraten, die aber völlig außer Acht zu lassen bei dem Versprechen höchst leichtfertig war: höchst leichtfertig gewiß, aber doch noch nicht „toll“. Diese Gegengründe heben Grotes Einwand offenbar noch nicht auf. Es bleibt dabei: Thucydides sagt in einem Athem: Kleon hat sein Versprechen erfüllt und das Versprechen war toll. Wenn das wirklich ein Widerspruch ist, dann ist es ein so krasser, daß man nicht nur über die Befangenheit, sondern eigentlich noch viel mehr über die Unüberlegtheit des Thucydides erstaunen müßte, der sich eine solche Blöße gab, sich so wahrhaft in flagranti über seiner Parteilichkeit gegen Kleon ertappen läßt.

Die Wahrheit ist, daß Thucydides von Kriegsereignissen doch mehr verstand, als seine Kritiker. Es ist in dem, was er sagt, für Jeden, der sich einmal ernstlich in die psychologischen Bedingungen kriegerischen Handelns versetzt hat, durchaus kein Widerspruch. Wir haben ein Ereigniß in der nächsten Nähe, das sehr geeignet ist, uns in das Verständniß solcher Lagen, wie damals bei Sphakteria einzuführen.

Es ist der Krieg von 1864, die Einnahme von Düppel

und Alsen. Elf Wochen haben die beiden Großmächte Preußen und Oesterreich gebraucht, um die Truppen eines Kleinstaats vom Festlande zu vertreiben. Politisch-diplomatische Schwierigkeiten haben mitgewirkt, diesen Erfolg so sehr zu verzögern. Aber auch abgesehen von dieser politischen Seite, wäre rein militärisch doch ein ganz anderer Erfolg möglich gewesen. Aus dem vor wenigen Jahren erschienenen Generalstabswerk sind wir jetzt authentisch darüber unterrichtet. Man hätte den Feldzug darauf anlegen können, die dänische Armee nicht zu vertreiben, sondern zu vernichten. Die erste Gelegenheit dazu, im Dannewerk, interessirt uns hier nicht. Aber nachdem die dänische Armee sich nach Alsen und Düppel zurückgezogen hatte, war zum zweiten Mal die Möglichkeit vorhanden, indem man nämlich, statt die Düppeler Schanzen zu belagern, direct nach Alsen überging. Man hätte dann nicht nur sofort diese Insel gehabt und die Belagerung erspart, sondern auch wahrscheinlich einen großen Theil der dänischen Armee abgeschnitten und gefangen genommen. Das Unternehmen ist auch soweit vorbereitet worden, daß Boote und Truppen bereit waren und nur noch der Befehl zur Einschiffung fehlte. Dieser Befehl aber wurde nicht gegeben. Zwei Tage lang war durch Sturm die Einschiffung verhindert; am dritten glaubte man, daß nunmehr die Dänen die Absicht der Preußen erfahren hätten, daß eine Ueberraschung deshalb nicht mehr möglich und die Gefahr zu groß sei. Hätte nun der Prinz Friedrich Karl es trotzdem wagen sollen; hätte er es darauf hin wagen sollen, 4000 oder 5000 vielleicht 10 000 Mann zu verlieren, die neue Kriegsepoche Preußens mit einer furchtbaren Niederlage gegenüber einem winzigen Feinde einzuleiten? 1600 Mann konnten die Preußen in einer Staffel nur übersetzen; alle zwei Stunden konnte eine neue Staffel folgen; 20 000 Mann waren überhaupt für die Unternehmung bereit gestellt; die Dänen hatten in Düppel und Alsen zusammen 23 000 Mann. Mathematisch ausgeschlossen war trotzdem ein Erfolg nicht. Nach dem preußischen Generalstabswerk haben die Dänen wohl einigen Verdacht geschöpft, aber wie es scheint, doch als positive Gegenmaßregeln nur Feuerzeichen und eine Telegraphenstation eingerichtet. Von den dänischen Gegenmaßregeln aber, von dem Gelingen oder Nichtgelingen der Ueberraschung hing Alles ab. Wissen, selbst vermuthen, wie es bei dem Gegner in solchem Augenblick steht, kann der Feldherr nicht. Noch in den letzten zwei Stunden kann der Gegner Verdacht schöpfen, eine Nachricht bekommen, die Truppen in Bereitschaft setzen und so das Gelingen vereiteln. Es ist das Wagniß und allein das Wagniß, worin nach sachgemäßer Vorbereitung und Ueberlegung zuletzt die Entscheidung ruht.

Stellen wir uns nun vor, daß Preußen damals von einem Parlament regiert worden wäre, etwa wie heute Frankreich, und daß in diesem Parlament ein gehässiger, frecher, gescheuter Führer gewesen wäre, so wäre sehr wohl folgender Verlauf denkbar. Jener Führer, nennen wir ihn der griechischen Analogie wegen Heliastes, hätte sich über die Langsamkeit vor Düppel aufgehalten. Der Kriegsminister hätte ihm gesagt: mach's besser. Heliastes darüber erschrocken hätte zurückgewollt, aber durch den Hohn der Gegner in die Enge getrieben sich erinnert, daß allerdings der Oberst Blumenthal einen Uebergang nach Alsen plane; daß davon in Officierskreisen geredet, das Unternehmen als nicht aussichtslos hingestellt sei. Mit einer plötzlichen Wendung also, um der Blamage der Revocation zu entgehen, frech wie er ist, erklärt er: ich werde es machen; binnen drei Wochen soll der Krieg entschieden sein. Er wäre hingegangen, hätte den Befehl gegeben, das Glück hätte ihn begünstigt, die Dänen hätten keine Vorsichtsmaßregeln getroffen, er hätte sein Wort mit Hülfe des Generalstabschefs wahr gemacht. Das wäre Alles ein durchaus denkbarer Verlauf. Es hätte also ein Mensch, ohne ein Feldherr zu sein, ohne von den Schwierigkeiten und Gefahren seiner Aufgabe eine volle Vorstellung zu haben, eine große strategische That vollbracht. Das ist möglich, weil in dieser strategischen That das Hauptmoment ein reines Wagniß ist und weil es möglich ist, einmal ein solches Wagniß zu unternehmen aus bloßer Frechheit. Ja hüte man sich das edle Wort Kühnheit an eine solche That wegzuwerfen: kühn ist der Mann, der sich der Gefahren, denen er entgegengeht bewußt ist und das Gefühl in sich trägt, daß er die Kraft und den Willen habe es mit ihnen aufzunehmen. Frech ist der Mensch, der ohne jede innere Gewähr des Gelingens in sich selbst, nur weil es ihm in einer augenblicklichen Situation Rettung bringt, es darauf ankommen läßt, ob das Geschick ihm günstig sein werde oder ihn mitsammt dem Staate verschlinge. Die That ist dieselbe: wer sie thut in dem einen und anderen Falle ein ganz anderer. In dem Falle, wie wir ihn oben fingirt haben, wird Niemand anstehen, ein aus der geschilderten Gesinnung heraus gegebenes Versprechen, auch nachdem es in Erfüllung gegangen, als Versprechen dennoch toll zu nennen.

Die Frage ist, ob nun die psychologischen Bedingungen der Landung auf Sphakteria wirklich den oben geschilderten analog waren. Man muß sich also klar machen, worin die eigentliche Gefahr des Unternehmens bestand.

Nach Grote und seinen Nachfolgern wäre Alles eigentlich sehr einfach gewesen. Der einzige Umstand der dem Kleon zufällig zu Hülfe kam, sagen sie, war der Waldbrand und dieser war wohl wichtig, aber nicht wesentlich. In Wahrheit hat aber das Glück dem Kleon etwas ganz Anderes und Entscheidendes in den Schooß geworfen: nämlich die schwer begreifliche Ungeschicklichkeit der Anordnungen des spartanischen Befehlshabers Epitadas. Epitadas hatte 420 Hopliten und einige hundert Heloten. Um sich gegen eine Ueberrumpelung zu sichern, hätte er diese etwa so vertheilen müssen, daß eine kleine Besatzung die nördliche befestigte Spitze der Insel sicherte, die Hauptmasse vereinigt in der Mitte der Insel lagerte, und rings herum am Strande, 10—20 Posten standen von je zwei Spartiaten und einem Dutzend Heloten, die durch stete Meldungen und Signale die Verbindung unter sich und mit dem Oberbefehlshaber beim Hauptcorps unterhielten. Die ganze Insel ist etwa eine halbe Meile lang*); jeder einzelne Punkt also, an dem die Athener landen konnten, höchstens $^1/_4$ Meile vom Lagerplatz der Spartaner im Mittelpunkt entfernt. Eine halbe Stunde nach Eingang der Meldung oder des Signals, daß eine Landung im Werke sei, konnte die spartanische Hoplitenphalanx sich im Sturmschritt

*) Thucydides sagt 15 Stadien; nach Bursian ist sie heute 24 Stadien lang. Grote sagt $1^3/_4$ (engl.) Meilen.

auf die Landenden stürzen. Kamen sie an, ehe die athenischen 800 Hopliten alle gelandet und geordnet waren, so hätten diese schwerlich den Kampf überhaupt aufgenommen, sondern sich sofort wieder in die Schiffe gestürzt; ein sehr erheblicher Theil hätte dabei den Spartanern in die Hände fallen können. Ist es ein Wunder, daß die athenischen Feldherrn, die von Tag zu Tag beinah erwarteten, daß der Hunger ohne jeden Kampf, ohne Verlust und ohne Gefahr ihnen die gefürchteten Degen in die Hand liefern werde, keine große Neigung hatten, eine gewaltsame Entscheidung herbeizuführen? An dem Zeitgewinn an sich lag ihnen nichts. Daß der Kampf mit den Spartanern nicht abgehen werde, ohne vielleicht ebenso viel athenischen Bürgern wie Feinden das Leben zu kosten, war zu präsumiren. Hat doch auch Friedrich, um das Leben seiner Soldaten zu schonen, das sächsische Lager bei Pirna nicht erstürmt und ganz wie bei Pirna lag dem Belagerer an der Gefangennahme viel mehr als an der Vernichtung.

In Wirklichkeit ging nun Alles sehr leicht. Die Spartaner hatten keinen genügenden Wachdienst eingerichtet; ein Posten von dreißig Mann, der den Süden der Insel behüten sollte, ließ sich unglaublicher Weise überfallen und wurde niedergehauen, ehe auch nur die Rüstungen angelegt waren. Das Hauptcorps kam, wie danach selbstverständlich, nicht dazu, die Athener bei der Landung anzugreifen. Durch die geniale Art, wie Demosthenes die Masse seiner Leichtbewaffneten zu verwenden wußte, wurde die Gefahr und der Verlust des Kampfes der Hopliten mit den Hopliten bis auf ein Geringes reducirt. So ist es dem Kleon gelungen, sein Versprechen nicht nur überhaupt, sondern mit einer, wie es verlief, spielenden Leichtigkeit zu lösen.

Darum braucht aber sein Unternehmen keineswegs aus der klugen Ueberlegung eines kühnen Patrioten, sondern kann sehr wohl, wie Thucydides es beschreibt, aus der momentanen Verlegenheit des in die Enge getriebenen Ehrabschneiders entsprungen sein. Der Gedanke, daß man durch eine Landung auf der Insel die Sache zu Ende bringen könne und solle, wird seit Wochen in allen athenischen Barbierstuben discutirt worden sein. Daß auch Demosthenes den Gedanken für ausführbar halte, mag dem Kleon auch nicht unbekannt gewesen sein. Als er auf der Rednertribüne seine übliche Strategen-Hetze begann, hatte er darum doch noch keine positive Idee. Nun wurde ihm plötzlich die Feldherrnschaft aufoctroyirt. Das war ihm höchst unbehaglich; er suchte zu entkommen. Aber als er sah, daß man ihn nicht mehr losließ, da hatte er Geistesgegenwart und brutale Entschlossenheit genug, sich zu sagen: nun denn, mag es biegen oder brechen; muß ich einmal hin, so versuche ich auch die Landung; daß so sehr viel Hopliten dazu garnicht gehören, sondern hauptsächlich Bogner und Leichtbewaffnete haben wir ja oft genug besprochen. Also jetzt den Zuversichtlichen gespielt: in drei Wochen haben wir die Spartaner oder meine politische Laufbahn ist für immer zu Ende.

In dieser ganzen Erzählung ist durchaus nichts von einem inneren Widerspruch und der Ausdruck „toll" für ein in dieser Art gegebenes Versprechen trifft den Nagel auf den Kopf.

Untersuchen wir nunmehr die Lange'sche Auffassung nach derselben Methode, also mit der Voraussetzung, daß Kleon wohl ein heftiger, bissiger und selbstbewußter, aber doch ein das Beste wollender und patriotischer Mann war; kein General, aber doch von wirklicher Einsicht und entschlossenem Charakter. Danach wäre der Zusammenhang dieser gewesen. Nicht wider besseres Wissen bestritt Kleon die Mißlichkeit der Lage vor Sphakteria, sondern weil er überhaupt eine sehr zuversichtliche Natur war. Als er nun nominirt wurde, selbst als Commissar dahinzugehn, da schlug er vor, lieber Verstärkungen hinzuschicken und der Sache durch die Gewalt der Waffen ein Ende zu machen — nicht weil er gefürchtet hätte, sich als Commissar selbst dementiren zu müssen, sondern weil es in seinem entschiedenen Wesen lag, wenn er etwas that, dann auch gleich etwas Ganzes und Volles zu thun. Er zog zwar damit etwas von seiner Behauptung, die trüben Botschaften von der Flotte seien nicht wahr, zurück; aber die kleine Aenderung der Taktik ist ganz verständlich. Er hatte sich zuerst etwas hinreißen lassen, nunmehr machte er den der Sachlage völlig entsprechenden Vorschlag. Als ihm nun Nikias selber das Commando antrug, war es keineswegs Furcht, weshalb er sich anfänglich weigerte, sondern Klugheit, um im Falle des Mißlingens weniger compromittirt zu sein, und Bewußtsein seiner militärischen Unerfahrenheit, wie Grote rundweg sagt „Bescheidenheit“. Möglicherweise handelte er sogar von vornherein im Einverständniß mit Demosthenes und war sich also dessen völlig bewußt, was er so klug einfädelte. Daß er den Nikias der Feigheit beschuldigte, war ja garnicht so ganz ungerechtfertigt. Daß er sich endlich sofort selbst die kurze Frist von 20 Tagen setzte, war zwar etwas prahlerisch, aber doch richtig berechnet; es imponirte durch die Sicherheit und das was er beabsichtigte, mußte ja entweder sofort gelingen oder endgültig scheitern.

Einen inneren Widerspruch finde ich auch in dieser Erzählung nicht. Zwar kann ich, wenn namentlich Oncken Gewicht darauf legt, daß Thucydides die Motive des Kleon doch auch nicht wirklich gewußt, sondern nur vermuthet habe, das nicht ganz zugeben. Allerdings wird Kleon sich darüber nicht öffentlich ausgesprochen haben. Thucydides aber kannte von ihm nicht nur die wenigen Thatsachen, die wir wesentlich aus seinem Munde erfahren, sondern er kannte den ganzen Menschen und man darf daher nicht wohl das bloße Wort „vermuthen" dafür verwenden, wenn er einen Mann, den er so viel und so oft beobachtet hatte, glaubte wirklich zu durchschauen und aus seiner Seele seine Motive herauszulesen, besser als Kleon selbst sich davon vielleicht Rechenschaft gab. Aber immerhin, da Thucydides einmal unter dem Verdacht der Befangenheit steht und sein Zeugniß bei Seite gesetzt werden soll, so muß man zugestehen, daß die Thatsachen, die er uns überliefert, sich ganz wohl auch nach der Auffassung Lange's gruppiren lassen.

Hervorzuheben ist nun aber, daß Kleon bei dieser Auffassung nicht, wie gesagt wird, „etwas besser erscheint", als bei Thucydides, sondern als ein völlig anderer und zwar sehr ausgezeichneter Mensch. Seine in's Gehässige gehende Heftigkeit gegen Nikias und die anderen Strategen wird man ihm verzeihen, wenn es wirklich wahr ist, daß er nicht als ertappter Renommist sich Hals über Kopf in das Wagniß stürzte, sondern mit voller Einsicht und in einer mit der feinsten staatsmännischen Ueberlegenheit durchgeführten parlamentarischen (wenn das Wort in dieser Uebertragung erlaubt ist) Action, mit eben so richtigem Urtheil wie muthigem Entschluß den Feldzug in's Werk setzte. Hier giebt es kein Drittes: man muß entweder das Urtheil des Thucydides ganz annehmen oder völlig verwerfen. Der Entschluß eine Landung zu unternehmen und die Verantwortung dafür zu tragen, gehört zu denen, die nur eine sehr bedeutende oder eine sehr freche Natur fassen kann. Schon den bloßen Militär, Demosthenes, stellen wir sehr hoch wegen dieser Leistung. Noch sehr viel höher aber müßten wir Kleon stellen, der mit der strategischen Einsicht und kriegerischen Entschlossenheit so viel andere Eigenschaften verband: zugleich Volksführer, Redner, Finanz- und, nach der Ansicht seiner Vertheidiger, auch Staatsmann war. Es bleibt nichts übrig: wir müssen ihn einfach zu den großen Männern der Weltgeschichte zählen. Nie ist ein schmählicheres Unrecht geschehen als an dem Andenken dieses Mannes: der Geschichtsschreiber aber, der eines so ungeheuerlichen Mißurtheils fähig war, ist in seiner Glaubwürdigkeit nicht nur an dieser Stelle, sondern überhaupt vernichtet.

Die Entscheidung, welche von den beiden Auslegungen wir in unserm Falle anzunehmen haben, giebt Kleons thracischer Feldzug.

Es ist allgemein anerkannt, daß die Art seines Vorgehens gegen Amphipolis und die Rückzugsanordnung sehr verfehlt waren. Für einen General hat ihn ja aber auch noch Niemand halten wollen. Daß er sofort die Flucht ergriff, wird als Thatsache einigermaßen angezweifelt, da Thucydides selbst hinzufügt, daß er ja von vornherein eine Schlacht nicht habe liefern wollen, da ferner der Verdacht vorliegt, daß Thucydides' Darstellung auf die Erzählungen der Soldaten zurückgeht, die sich durch Schlechtmachen ihres Feldherrn selbst zu decken suchten, und da endlich bei Diodor eine andere Tradition vorliegt, wonach Kleon sogar tapfer kämpfend gefallen sei.

Den Vorwurf persönlicher Feigheit müssen wir also, da die Thatsache bezweifelt wird, dahingestellt sein lassen, aber das Zugeständniß, daß ja Niemand, vielleicht sogar er sich selbst nicht, Kleon als einen großen General ansehe, bedarf sorgfältiger Betrachtung. Zunächst begehen die Vertheidiger Kleons in diesem Satz eine offenbare Inconsequenz. Ist die Grote-Lange'sche Auffassung des Feldzuges von Sphakteria richtig, so ist es unmöglich Kleon so alle strategischen Fähigkeiten abzusprechen.

Aber sehen wir davon ab und fragen einfach, was sind es denn für Eigenschaften, die Jemand zum tüchtigen General oder zum Gegentheil machen? Sind es Tugenden oder Fehler, die ganz getrennt von dem übrigen Menschen in einem besonderen Fache des Geistes existiren? Heute allerdings gehört zum General eine umfassende technisch-praktische Ausbildung, ohne die auch die beste natürliche Anlage nichts wird leisten können. Im vierten Jahrhundert a. C. aber spielte dieses Technische eine sehr geringe Rolle. Jeder Athener, der kein Krüppel war, war ein ausgebildeter Soldat und die Gleichaltrigen hatten auch ungefähr die gleiche Kriegserfahrung. Um zum Strategen qualificirt zu sein, brauchte man eine andere Technik, als sie sich Jeder, der sonst das Zeug dazu hatte, leicht aneignen konnte, nicht. Ebenso wie vom Technischen, dürfen wir auch abstrahiren von dem eigentlich Genialen, das außerhalb des regulären Laufes der Dinge sich bewegt. Zu untersuchen sind nur die allgemeinen menschlichen Eigenschaften, die damals dazu gehörten, um einen für nicht außergewöhnliche Verhältnisse brauchbaren General zu geben.

Um uns nicht in theoretischer Construction zu ergehen, wollen wir an dem bekanntesten Generals-Charakter der Epoche, an Nikias, als empirischem Object die Studie machen. Nikias hat eine Reihe glücklicher Kriegsthaten ausgeführt, genoß hohes Vertrauen bei den Athenern und wurde immer von Neuem zum Feldherrn gewählt. In einer wirklich schwierigen Situation, die einen bedeutenden Mann erfordert hätte, hat er sich nicht bewährt. Was wir bei dieser Gelegenheit und auch sonst im Einzelnen von ihm erfahren, zeigt einen beschränkten Geist. Welche Eigenschaften haben ihn immer von Neuem für sein Amt qualificirt erscheinen lassen? Er war persönlich tapfer, pflegt man zu sagen, er war redlich und vornehm*). Mit dieser Antwort

*) Beloch, Die Attische Politik seit Perikles, führt Alles auf den Gegensatz einer Kriegs- und Friedenspartei zurück. Ich halte die Formulirung für viel zu schroff. Daß die beiden Tendenzen, die naturgemäß vorhanden waren, sich thatsächlich zu zwei geschlossenen Parteien condensirt hätten, geht weit über die Aussage unserer Quellen hinaus und ist wider die Natur der Dinge. Daß Nikias schon von 429 an das Haupt einer Friedenspartei gewesen sei, ist nicht zu beweisen. Sehr richtig ist aber die sogenannte Kriegspartei, wenn man diesen Begriff annehmen will, von Beloch charakterisirt (S. 27), als eine, deren Losung praktisch so ziemlich auf Verewigung des Krieges hinauskam.

ist noch nicht viel gewonnen. Persönliche Tapferkeit war bei den Athenern damals gewiß eine sehr verbreitete Tugend. Redlichkeit ist eine Eigenschaft, die zu allem Anderen mehr qualificirt, als gerade zum Feldherrn. Hätte diese Eigenschaft die Athener bestochen, so lag es doch näher, dem geschätzten Mitbürger die Finanz-Verwaltung und die Leitung der Politik anzuvertrauen als gerade das Schlacht-Commando. Endlich die Vornehmheit ist allerdings eine Eigenschaft, die bei einem Feldherrn wichtig sein kann. Ich habe früher einmal in einem ganz anderen Zusammenhange, in einem Aufsatz über den Prinzen Friedrich Karl zu erklären versucht, weshalb unter den großen Feldherren so unverhältnißmäßig Viele fürstlicher Geburt seien. Die hohe Stellung, die Gewohnheit die Dinge im Großen zu nehmen, erleichtert es große Entschlüsse zu fassen und Verantwortung zu tragen. Für die socialen Verhältnisse Athens paßt dieses psychologische Moment aber wohl nur in geringem Grade. Dafür aber wirkt dieselbe Eigenschaft nach einer anderen Seite. Ein wesentliches Erforderniß für die Leitung athenischer Bürgerheere, die doch von dem Begriff der militärischen Disciplin nur Ansätze in sich trugen, war die Autorität. Autorität verschafft sich ein Mann, dem es an den sonstigen Eigenschaften nicht fehlt, leichter, wenn Herkunft und Reichthum ihn ohnehin aus der Menge hervorragen machen; wenn der Bürger-Soldat auch in bürgerlichen Verhältnissen gewohnt ist, ihn über sich zu sehen.

Hier ist der Punkt, wo wir weitergraben müssen. Der Ausdruck Autorität genügt noch nicht, wir müssen ihn noch ergänzen durch „Vertrauen“. Man muß sich den Begriff des „taktischen Körpers“ klar machen, den Jeder zu haben glaubt und dessen Tragweite doch Wenigen bekannt ist. In meinen „Perser- und Burgunderkriegen“ habe ich ihn entwickelt. Die Summe ist, daß im Gefecht, welches nicht mehr reiner Einzelkampf ist, nicht so sehr die Tapferkeit entscheidet, als die Festigkeit des taktischen Körpers, der Zusammenhalt der Einzelnen. Achill jagt hunderte von tapfern Feinden vor sich her, nur weil er stärker ist als jeder Einzelne und die Einzelnen nicht zusammenhalten. Keiner, der sich entschließen wollte, Stand zu halten, wäre sicher, daß die Anderen auch bleiben. Deshalb fliehen sie Alle, obgleich dem einzelnen Feinde zusammen unendlich überlegen. Die Hoplitenphalanx im peloponnesischen Kriege ist ein taktischer Körper, noch nicht von so sehr großer Festigkeit, die nur durch wirkliche Disciplin erzeugt werden kann, aber doch auf Zusammenhalt begründet*). Der stärkste Kitt dieses Zusammenhalts ist das Vertrauen auf einander und auf den Feldherrn. In dem Augenblick, wo das Vertrauen auf die rechte Führung schwindet, wo der Einzelne im Herzen nicht mehr an den Erfolg glaubt, wo ihn die noch uneingestandene Besorgniß beschleicht, etwa bei der Flucht der Letzte zu sein, der sicher verloren ist — in dem Augenblick ist der Zusammenhalt der Phalanx soweit gelockert, daß nur noch ein Anrühren dazu gehört, um eine Schaar sonst tapferer Männer in wilde Flucht zu treiben.

Von hier aus versteht man die Stellung, welche Nikias in der athenischen Kriegführung so lange eingenommen hat.

*) Den Nachweis in meinen „Perser- und Burgunderkriegen“.

Er war von geringer geistiger Begabung, aber er erweckte Vertrauen, weil er in all' seiner Beschränktheit solide war. Er unternahm nichts Unerhörtes, aber er bereitete die Unternehmungen, auf die er sich einließ, sorgfältig und wachsam vor, so daß die Soldaten dem Erfolg vertrauen durften. Er war tapfer, aber er machte keine Bravaden. Die Soldaten wußten, daß er ihr Leben nicht unnütz auf's Spiel setze; deshalb folgten sie ihm und hielten mit ihm aus, wo er es von ihnen verlangte. Nikias hatte die Eigenschaft, die Napoleon so hochschätzte und die er speciell seinem Stiefsohn Eugen Beauharnais nachrühmte, daß die Gaben seines Verstandes und seines Charakters im Gleichgewicht zu einander standen. Als er zuletzt in große Noth kam, versagte seine Entschlußkraft, aber wir hören nicht, daß deshalb der Ruf erhoben wäre, einem Anderen das Commando zu übergeben.

Sehen wir nun auf den Feldzug Kleons in Thracien, so zeigt sich uns das vollkommene Widerspiel zu der eben entworfenen Skizze. Nichts fällt mehr in die Augen als das Mißtrauen der Soldaten gegen ihren Feldherrn. Obgleich auch dieser Feldzug mit großen Erfolgen beginnt, der Eroberung von Torone und Galepsos, neben einem mißglückten Versuch auf Stageiros, so machen die Soldaten doch gleich ihre Glossen als Kleon nun bei Eion Verstärkungen abwarten will, und der Feldherr ist gegen dieses Lagergerede so empfindlich, daß er sofort nachgiebt. Ganz wie es von neueren Feldherren gesagt ist, daß sie es thun, wenn sie nichts anderes wissen, macht er eine Recognoscirung und zwar mit dem ganzen Heer, damit es scheine, als sei es etwas. „καὶ ἐχρήσατο τῷ τρόπῳ ᾧπερ καὶ ἐς τὴν Πύλον εὐτυχήσας ἐπίστευσέ τι φρονεῖν· ἐς μάχην μὲν γὰρ οὐδὲ ἤλπισέν οἱ ἐπεξιέναι οὐδένα, κατὰ θέαν δὲ μᾶλλον ἔφη ἀναβαίνειν τοῦ χωρίου, καὶ τὴν μείζω παρασκευὴν περιέμενεν, οὐχ ὡς τῷ ἀσφαλεῖ, ἢν ἀναγκάζηται, περισχήσων, ἀλλ' ὡς κύκλῳ περιστὰς βίᾳ αἱρήσων τὴν πόλιν." Es bedarf einiger Ueberlegung des tertium comparationis mit Pylos zu verstehn. Kleon will Amphipolis erobern, welches durch ein, wenn auch nicht an Zahl doch an Qualität inferiores Heer gedeckt wird. Amphipolis liegt auf dem linken Ufer des Strymon, Brasidas steht gegenüber auf dem Berge Kerdylion, mit der Stadt verbunden durch eine Brücke, die er in die Befestigung hineingezogen hat*). Die naturgemäße Operation der Athener wäre gewesen, auf dem rechten Ufer vorzurücken, Brasidas anzugreifen, ihn wegzuschlagen und, wenn die Stadt sich darauf nicht freiwillig ergab, sie zu belagern. War die Stellung des Brasidas auf dem Kerdylion zu fest, um ihn darin anzugreifen, so mußte man suchen, ihn durch Umgehung herauszumanövriren oder mit in die Stadt einzuschließen. Kleon wollte in dieser Art verfahren, wünschte aber, um ganz sicher zu gehen, erst seinen Zuzug von Macedoniern und Thraciern abzuwarten. Wenn er diesen erst hätte, dann hoffte er eine Schlacht überhaupt nicht mehr nöthig zu haben. Auf die bloße Einschließung der Stadt kann sich der Vergleich mit Pylos nicht beziehen — worin sollte er liegen? — sondern auf das Manöver gegen das peloponnesische Feldheer. Diesem wollte er die

*) Ich folge in der Topographie durchaus Grote, der auch eine Uebersichtskarte giebt.

Macedonier und Thracier in die Flanken und in den Rücken schicken, während die Athener in der Front (auf dem rechten Strymon-Ufer) gegen sie vorgingen. Dann mußte Brasidas entweder, sich durch die Barbaren durchschlagend, auf und davon gehen oder er mußte nach Amphipolis hinein und wurde hier mit eingeschlossen. Eine solche Entwickelung hätte in der That mit der Schlacht auf Sphakteria eine gewisse Analogie gehabt.

Dies ist also die eigentliche strategische Idee Kleons; da die Voraussetzung noch nicht erfüllt ist, so macht er eine Recognoscirung, nicht gegen das feindliche Heer, das auf dem rechten Ufer steht, sondern gegen die Stadt auf dem linken Ufer. Brasidas hat nach des Thucydides Erzählung dies schon erwartet und nimmt sich vor, das athenische Heer, in dem Augenblick, wo es wieder abzieht, wo es also weniger widerstandsfähig und keines Angriffs gewärtig ist, überraschend anzufallen. Er zieht zu diesem Zweck vom Kerdylion über die Brücke in die Stadt.

Ganz verborgen aber können seine Vorbereitungen doch den Athenern nicht bleiben. Sie werden dem Kleon gemeldet, er selbst überzeugt sich davon.

Für eine echte Feldherren-Natur wäre der nunmehr zu nehmende Entschluß schnell gefunden gewesen. Was hinderte, unter den obwaltenden Umständen eine rangirte Schlacht zu schlagen? Bei den athenischen Truppen war zwar nicht die numerische, aber die unzweifelhafte militärische und moralische Ueberlegenheit; nicht nur sie selbst, was mehr war, auch ihre Gegner wurden überzeugt davon (V, 8: „νομίζων ὑποδεεστέρους εἶναι οὐ τῷ πλήθει — ἀλλὰ τῷ ἀξιώματι“). Man brauchte sich nur auf dem Hügel, wo man schon stand, in Schlachtordnung zu stellen und abzuwarten, ob der Feind wirklich aus den Thoren herausbrechen werde. Keinen Augenblick hatte, wie anzunehmen, Perikles gezögert, das Schlachtsignal geben zu lassen, als er bei Tragia unvermuthet auf die erheblich überlegene samische Flotte stieß. Er hatte sich nicht hinter den Gedanken zurückgezogen, erst die ganze athenische Uebermacht ankommen zu lassen und für dies Mal dem Gefecht auszuweichen. Nahmen die Athener jetzt vor Amphipolis Stellung, so getraute sich vermuthlich Brasidas garnicht, den Ausfall zu machen.

Hatte man dann eine Zeit lang, nach der üblichen encouragirenden Anrede kampfbereit gewartet, dadurch die Moral der eigenen Truppen gehoben, die der Feinde gedrückt, so war auch der Rückzug nicht schwer zu bewerkstelligen. Man hielt die Phalanx zusammen und schob sie mit linksum langsam an der Stadt vorbei. Immer nach kurzer Strecke, höchstens einigen hundert Schritten mußte wieder Halt und Front gemacht werden, so daß ein Moment, in dem Brasidas seinen Ausfall hätte ins Werk setzen können, garnicht eintrat. War man weit genug entfernt, so setzte man sich ungefährdet in Marschkolonne.

Der Entschluß, auf den es ankam, war also, eine kampfbereite Haltung anzunehmen und eintretenden Falls die Schlacht zu schlagen. Kleon fand diesen Entschluß nicht.

Sobald er sich überzeugt hatte, daß wirklich ein Ausfall vorbereitet werde, gab er das Signal zum Rückzug und befahl den Abmarsch nach der linken Flanke in der Richtung auf Eion. Ueber die Form, in der dieser Abmarsch erfolgte, giebt uns die Erzählung des Thucydides keinen völlig sicheren Aufschluß. Er sagt:

„σημαίνειν τε μα ἐκέλευεν ἀναχώρησιν καὶ παρήγγειλε τοῖς ἀπιοῦσιν ἐπὶ τὸ εὐώνυμον κέρας, ὥσπερ μόνον οἷον τ' ἦν, ὑπάγειν ἐπὶ τῆς 'Ηιόνος. ὡς δ' αὐτῷ ἐδόκει σχολῇ γίγνεσθαι αὐτὸς ἐπιστρέψας τὸ δεξιὸν καὶ τὰ γυμνὰ πρὸς τοὺς πολεμίους δοὺς ἀπῆγε τὴν στρατιάν."

Da „κέρας" sowohl „Flügel" als „Flanke" bedeuten kann, so ist in dem Befehl, nach der linken Flanke abzumarschiren gleich der Gedanke, daß der linke Flügel zunächst antritt, mitzudenken*); anders würde es nicht verständlich sein, daß nachher bloß der rechte Flügel den zweiten Befehl bekommt.

Der linke Flügel ist also im Marsch; da scheint dem Kleon die Sache zu langsam zu gehen und er giebt selbst dem rechten Flügel ebenfalls das Marsch-Commando. Die Beschleunigung, die er erzielte, kann nur darin gelegen haben, daß er nicht das übliche Marsch-Intervall zwischen den beiden Flügeln ließ. Nun aber erhebt sich die Frage, weshalb erst von dem rechten Flügel tadelnd hervorgehoben wird, daß er dem Feinde die ungeschützte Seite bot, da doch der linke schon ebenso marschirt war; ja weshalb über-

*) Krüger übersetzt „er befahl, daß sie nach dem linken Flügel zu abmarschirend sich langsam nach Eion zurückziehen sollten". Der technisch richtige Ausdruck ist „Flanke" (nicht „Flügel"), gemeint ist natürlich dasselbe. Worin das „langsam" liegen soll, ist mir unerfindlich. Krüger hat es wahrscheinlich irrthümlich aus dem folgenden ὡς δ' αὐτῷ ἐδόκει σχολῇ γίγνεσθαι herausgelesen.

Kampe's Vorschlag „ἐπὶ τὸ δεξιὸν" zu lesen ist topographisch unmöglich.

haupt dieser Tadel ausgesprochen wird, da doch eine andere Richtung garnicht möglich war, und zweitens, was hier ἐπιστρέφειν heißt. Bei den Taktikern ist es der technische Ausdruck für „schwenken". Dürften wir dieselbe Bedeutung, als feststehenden terminus technicus für Thucydides annehmen, so wäre Alles klar. So wenig wie moderne Heere marschirten die griechischen Phalangen für gewöhnlich im Reihenmarsch, sondern in einer Art von Sections-Colonne. Auf den modernen breiten Straßen marschiren Truppen doch in der Regel nur vier Mann breit. Die Griechen, auf ihren schmalen Straßen und Brücken, Soldaten, die vielfach ihre Diener bei sich hatten, werden eher noch schmaler, vermuthlich meist nur zwei Mann breit marschirt seien. Angetreten wurde natürlich in der Phalanx, aus der dann zum Abmarsch irgendwie formirte kleinere Abtheilungen („Sectionen") vom rechten oder linken Flügel an abschwenkten, so daß die Rotten beisammen blieben. Kleon hätte also den Fehler begangen, im Augenblick, wo ein Angriff zu erwarten war, „schwenken", d. h. aus der Schlacht-Ordnung in die Marsch-Ordnung übergehen zu lassen. Ist das richtig, so erklärt sich auch die Stellung des „τὰ γυμνὰ πρὸς τοὺς πολεμίους δοὺς", — es ist nicht der Vorwurf selbst, sondern nur die Verstärkung des Vorwurfes „er ließ schwenken angesichts des feindlichen Angriffs, der noch dazu von der unbeschildeten Seite zu erwarten war".

Dieser Interpretation steht nun gegenüber, daß die genügende Ausprägung des terminus technicus „ἐπιστρέφειν" für die Thucydideische Zeit zweifelhaft ist. H. Droysen*)

---

*) Heerwesen und Kriegführung der Griechen S. 42 Anmk. 2.

bemerkt, daß bei Xenophon στρέφειν mit seinen Compositis jede Frontveränderung des Einzelnen wie der ganzen Abtheilung zu bedeuten scheine und in der Seeschlacht des Phormion bei Thucydides II, 90, 4 bedeutet „ἐπιστρέφειν" offenbar „wenden" und nicht „schwenken".

Dürften wir es also auch an unserer Stelle mit „wenden" übersetzen, so wäre die Phalanx im Reihenmarsch abmarschirt d. h. so lange das Terrain so viel Platz bot, daß die acht Mann (so tief war ja vermuthlich die Normal-Aufstellung) nebeneinander marschiren konnten, hätte in jedem Augenblick mit Halt — Front — Fühlungnehmen — Ausrichten die Schlachtordnung hergestellt werden können. Dieser Befehl wäre also für jenen Augenblick der richtigere gewesen. Da aber geordneter Reihenmarsch immer nur auf ganz kurze Strecken möglich ist, so hätte Kleon, wie wir das schon oben ausmalten, gleich wieder halten und um die Leute nicht ängstlich werden zu lassen, das sofort aussprechen müssen. Statt dessen ließ er den linken Flügel fortmarschiren und ertheilte, ohne nur das übliche Intervall zwischen den beiden Flügeln einzuhalten persönlich dem rechten Flügel das Commando zum Abmarsch. Der Tadel, der wieder verstärkt wird, durch das „τὰ γυμνὰ πρὸς τοὺς πολεμίους δούς", liegt in dem Unterlassen jeder Vorbereitung zu eventuellem Gefecht und in der Hast und Unruhe der Befehlsertheilung. Mit jedem Augenblick wird Kleon ängstlicher, ob seine Erwartung, daß ihm Zeit genug zum Abmarsch bleibe, sich auch zutreffend erweisen werde. Statt aber für diesen Fall das Gefecht vorzubereiten, treibt er nur zu um so schnellerem Abmarsch. Der Ton seiner Stimme, jede Bewegung des

Feldherrn, der sich eben noch vermessen hatte, Amphipolis auf der Stelle zu nehmen, wenn er nur sein Sturmzeug mitgebracht, mußte den Soldaten verrathen, was in ihm vorging und ein solcher Abmarsch „τὰ γυμνὰ πρὸς τοὺς πολεμίους δούς".

An der Bewegung der Köpfe und der Spieße sah Brasidas von der Stadt aus, daß die Athener erschüttert seien, daß sie nicht Stand halten würden. In flammenden Worten entzündete er den Muth seiner Krieger, zeigte ihnen die Angst der Athener und stürzte heraus aus dem Thor zum Angriff. Der linke athenische Flügel, der bereits voraus war und gegen den ein Haufe von nur 150 Mann seinen Angriff richtete, riß ohne den Angriff zu erwarten, ab und stürzte in wilder Flucht davon. Der rechte Flügel, gegen den sich nun die Peloponnesier von zwei Seiten wandten, wehrte sich eine Zeit lang tapfer, bis er von der Reiterei und den Peltasten umgangen war; dann suchte auch er das Heil in der Flucht.

Kleon hat, nach des Thucydides Erzählung, nicht bei seinen Soldaten ausgehalten, sondern sofort, seiner strategischen Idee getreu, die Partie ergriffen, für diesmal das Gefecht zu vermeiden „ὡς τὸ πρῶτον οὐ διενοεῖτο μένειν, εὐθὺς φεύγων" — deutsche Gelehrsamkeit hat es wirklich fertig gebracht in der himmlischen Ironie dieses Satzes eine ernsthafte Entschuldigung zu sehen und Grote meint, wenn Kleon deshalb Feigheit vorgeworfen werde, so müsse die athenischen Hopliten insgesammt, besonders den linken Flügel ein kaum weniger strenges Urtheil treffen. Nichts kann falscher sein als dieser Vergleich. Wenn ein taktischer Körper sich so benimmt, wie hier die Athener, die doch sonst tapfere Männer waren, so hat immer und allein der Führer die Schuld. Sein Geist ist die Seele dieses Körpers: er zerfällt in widerstandsunfähige Atome, wenn der Geist ihn im Stich läßt.

Dies Resultat ist dasselbe, mögen wir „ἐπιστρέψας“ mit „schwenkend“ oder mit „wendend“ übersetzen. Hat Kleon schwenken d. h. Marschordnung machen lassen, so ist seine Kopflosigkeit größer; hat er „wenden“ d. h. in Schlachtordnung marschiren lassen, so ist, vorausgesetzt, daß das Terrain die Durchführung erlaubte, der mechanische Fehler geringer, aber desto deutlicher in der Flucht des athenischen linken Flügels die Demoralisation des sonst so tapferen Heeres unter Kleonischer Führung.

Man beruft sich darauf, daß die Hopliten politischen Widerwillen gegen ihren Führer gehabt hätten. Das ist in diesem Zusammenhang eine völlig willkürliche Unterstellung und widerspricht direct dem Bericht des Thucydides, der ganz umgekehrt, wie wir sahen, trotz der politischen Opposition eine auch vom Feinde anerkannte militärische und moralische Ueberlegenheit der athenischen Hopliten constatirt. Ueberhaupt ist vom politischen Widerwillen bis zu schimpflicher, vaterlandsverrätherischer Desertion in der Schlacht, ein solcher Abgrund, daß man, selbst wenn wir das Zeugniß des Thucydides nicht hätten, von jenem Widerwillen in diesem Zusammenhang nicht sprechen dürfte. Haben nicht sonst Truppen, die ungern auszogen, doch pflichtgetreu tapfer gefochten? Warum folgten die Demokraten dem Nikias? Ganz umgekehrt: gerade das Benehmen der athenischen Hopliten in der Schlacht ist das Zeugniß, welches Kleon vernichten muß. Eine solche Fahnenflucht passirt keinem Führer, der, er braucht garkein hervorragender Militär zu sein, nur ein ordentlicher Mensch ist. Die athenischen Hopliten flohen, nicht weil sie feig waren, oder weil sie ihren Führer haßten, sondern weil die tapferste Ritterschaft der Welt flieht, wenn sie die Ueberzeugung hat, daß ein Sieg nicht möglich sei und zu einem Thermopylä keine Veranlassung.

Man verstehe uns nicht so, als ob nun eine ganz gewöhnliche tüchtige Menschennatur dazu gehört hätte, um in der Lage, in die Kleon sich plötzlich versetzt sah, sofort das Richtige zu finden. So einfach die zu fassenden Entschlüsse auch hinterher erscheinen; im Kriege ist auch das Einfache schwer: nicht die richtige Urtheilskraft für sich, sondern die richtige Urtheilskraft in dem drangvollen Moment der Entscheidung und der Gefahr ist das Schwere und Große. Wäre Kleon ohne seine Schuld plötzlich in die geschilderte Lage versetzt worden, man würde ihn nicht so sehr hart beurtheilen dürfen, weil er sich nicht zu helfen wußte. Auch Nikias würde vielleicht der Lage nicht gewachsen gewesen sein; aber diese Frage ist eine von denen, die von Rechtswegen nicht aufgeworfen werden dürfen, die nicht mit ja oder nein, sondern mit Zurückweisung zu beantworten sind: denn Nikias würde das athenische Heer nie in eine solche Lage gebracht haben, oder wenn er es gethan hätte, so hätte er sich in seinem Geiste auf die möglicherweise eintretenden Eventualitäten präparirt.

Nicht der Marsch von Eion nach Amphipolis an sich war, wie Lange meint, ein Fehler; auch nicht die Unzulänglichkeit in Kleons Führung beim Abmarsch an sich ist es, die ihn verdammt: sondern Beides zusammen: daß er selbst das Heer in die Lage gebracht hatte, der er nachher nicht gewachsen war. Hier greifen wir's mit Händen: sein Unternehmungsgeist war nicht kühn, sondern frech. Nicht ein Mangel an specifisch militärischer Begabung oder Erfahrung ist es, an dem er leidet, sondern ein allgemein-menschlicher Mangel des Charakters. Ihm fehlte nicht nur die geistige Kraft, sondern auch das volle Gefühl der sittlichen Verantwortlichkeit für das, was er that. Er unterfing sich, die öffentlichen Angelegenheiten zu leiten: das Ende aber seiner Unternehmungen bedachte er nicht.

Nichts ist charakteristischer für den Demos, als daß er sich von Kleon in der Politik leiten ließ, Nikias aber lieber zum Feldherrn wählte. Auf der Rednertribüne, wo er den kleinen Mann pries und ihm schmeichelte, selbst unter dem Schein als ob er ihn schelte; wo er die Vornehmen zauste und sie besteuerte; wo er lockende Bilder des Wachsens athenischer Größe entrollte, wenn man nur energisch sei: da imponirte Kleon; da sympathisirte man mit dem Mann aus dem Volk; da rechnete man ihm alle seine kleinen Tugenden an, daß er Sorge trug für Ordnung der Finanzen, daß er Mißbräuche aufzudecken und sich dadurch Feinde zu machen, keine Scheu trug, daß er seine eigenen Freunde nicht schonte, daß er der Liederlichkeit der Junker entgegentrat. Das war der Mann, der keine Rücksichten kennend, weder rechts noch links sehend, allein die Interessen Athens und des Demos im Auge hatte.

Sollte man sich aber dem scharfen Schwerte des Feindes stellen, da stiegen doch in denselben Männern andere Vorstellungen auf. Da dämmerte eine Ahnung, daß der gewaltige Schwung der Kleonischen Staatskunst doch vielleicht nicht ganz bis an's Ende durchdacht sei. In der Leidenschaft der Volksversammlung jubelte man ihm zu und beschloß mit ihm zu gehen — wenigstens ein Stück: schlimmsten Falls konnte man ja wieder umkehren. Führte dieser Mann aber das Commando in der Schlacht und es war mit seiner Tüchtigkeit und der Richtigkeit seines Urtheils doch nicht so gut bestellt wie es so schien, wenn er sprach — dann mußte man die Sache doch noch einmal überlegen. Hier die donnernde Stimme Kleons — dort der feindliche Spieß, in den man mit einem einzigen falschen Schritt hineingerannt sein konnte. Es giebt, wenn Vernunft und Leidenschaft streiten, nichts was mit mehr Gewicht in jene Wagschale geworfen werden könnte, als ein solcher feindlicher Spieß.

An Begabung und Verstand war Kleon dem Nikias weit überlegen. Dennoch wählten die Athener bis zum Jahre 424 immer diesen zum Feldherrn und nicht jenen. Der Demagog hatte keine militärische Anlagen! Gewiß — aber diese Anlagen sind garkeine anderen, als die des tüchtigen Mannes, der sich vor Allem voll seiner Verantwortlichkeit bewußt ist. Das haben die Athener gewußt oder wenigstens gefühlt, seine Anhänger nicht weniger als seine Feinde. Sie folgten seinem Rath, weil er auf ihre Leidenschaft zu wirken wußte, aber sie stellten sich nicht unter seinen Befehl, wo es gefährlich wurde. Man sollte meinen, der Erfolg hätte dem Gerber endlich ein festes Fundament geben müssen. Was verschafft mehr Zutrauen, als große praktische Leistung? Kleon erfocht den unerhörten Sieg von Sphakteria: die Menge jauchzte ihm zu — aber ihr Instinct, daß er trotz allem ein hohler Geselle sei, ließ sich dennoch nicht täuschen. Zum Strategen wurde er allerdings von jetzt an gewählt*): aber sobald die erste ernste Probe kam, brach alles zusammen. Dies ist der Sehwinkel, unter dem nunmehr auch rückwärts Sphakteria gesehen werden muß. Es ist völlig unmöglich, daß ein Mann, der auf rechte Weise, auf Grund seiner Tüchtigkeit Sphakteria genommen hatte, nicht eine dauernde Autorität und probehaltiges Vertrauen seiner Mitbürger daraus davon getragen. Das hat Kleon nicht gehabt. Der Feldzug von Amphipolis, der Ausmarsch, der Abmarsch, die Katastrophe, sind der unangreifbare Beweis. Lagergeschwätz treibt ihn in ein Unternehmen; als es gefährlich wird, verliert er den Kopf und die Soldaten wissen so sicher, daß unter ihm nichts zu hoffen, daß die allerwenigst Bedrohten zu allererst ausreißen. Sie haben also von ihrem Feldherrn nicht den Eindruck eines vertrauenerweckenden Ehrenmannes, folglich, da er doch so energisch wie zuversichtlich auftrat, den eines Fanatikers und Prahlers gehabt. Seine Anordnungen beweisen, daß sie Recht hatten. Ein General, der eine Schlacht verliert, wie Kleon Amphipolis, der ist nicht bloß ein mangelhafter Militär, sondern eine wurzelfaule Persönlichkeit. Hier ist die Lange'sche Auffassung gescheitert und da wir für Sphakteria nur die Wahl hatten, die That als die eines sehr tüchtigen Mannes oder eines glücklichen Schwindlers anzusehen, so muß die letztere, die Auffassung des Thucydides als die allein richtige bestehen bleiben.

---

*) Kirchner, Rhein. Museum Bd. 44 S. 154.

Vor Zeiten pflegte man, und hier und da geschieht es noch, die Thucydideische Charakterzeichnung Kleons durch diejenige des Aristophanes zu potenziren. Der Erste, der empfand, daß das unmöglich sei, war Droysen. Er versuchte die Correctur in den Thucydideischen Zügen: die in der Komödie behauptete Käuflichkeit wollte er gelten lassen; den Staats- und Kriegsmann Kleon einigermaßen retten. Der richtige Weg ist der umgekehrte: der Aristophanische Kleon ist eine Fratze der Komödie und weiter nichts: ein solcher Kleon wäre nie so gefährlich gewesen: kein Titelchen aber ist abzudingen von der furchtbaren Lebenswahrheit des Bildes des Thucydides.

Sind wir über die Persönlichkeit Kleons im Reinen, so wird uns auch die Beurtheilung seiner Politik nicht mehr schwerfallen.

Nach unserer Auffassung der Gesammtlage war das Ziel des Krieges in erster Linie für die Athener nicht irgend ein positives Object, sondern Bürgschaft für eine gewisse Dauer des abzuschließenden Friedens. Die schwere Aufgabe der Staatskunst war, solche Bürgschaft zu finden. Welche Mittel der Genius eines Perikles entdeckt haben würde, ist für uns nicht mehr zu ersinnen. Wir können höchstens sagen, was er sicher nicht gethan und in welcher Richtung er etwa seine Mittel gefunden haben würde.

Zunächst ist ein Friedensschluß auf dem einfachen status quo ante zu betrachten, etwa wie er 421 wirklich geschlossen wurde. Die Bürgschaft dieses Friedens lag darin, daß die Spartaner sich genügend überzeugt hatten, daß sie unter den obwaltenden Verhältnissen nicht im Stande seien, Athen niederzudrücken. Es hat auch allen Anschein, als ob ohne die unerhörte Thorheit der sicilischen Expedition und die ebenso unerhörte Katastrophe, in der sie endigte, die Spartaner sich in einen athenischen Krieg so leicht nicht wieder gestürzt haben würden. Wer eigentlich in den ersten zehn Jahren Schmerzlicheres hat erdulden müssen, mag zweifelhaft erscheinen. Die Athener hatten ja in dem Kriege, namentlich in ihren beiden durch eigene Verwegenheit und Ungeschicklichkeit erlittenen großen Niederlagen von Delion und Amphipolis viel mehr Bürger verloren als die Spartaner, aber nachdem der Anbau von Attika einmal drangegeben und verschmerzt war, so schadeten sie in dem regelmäßigen weiteren Verlauf der Dinge ihren Feinden jedenfalls mehr als diese ihnen. Ein Friede, wie der des Nikias hätte also in sich immerhin den Athenern etwa solche Garantien geboten, wie der von Hubertsburg Friedrich dem Großen. In den Jahren 424 und 423, vor der Niederlage von Amphipolis hätten die Athener aber noch einen besseren Frieden anstreben können.

Kleon forderte, als die Spartaner ihn 425 anboten, Trözen, Achaja, Pagä und Nisäa, und neuere Forscher haben gemeint, daß Perikles schwerlich weniger gefordert haben würde. Ich glaube, man darf mit Sicherheit sagen, daß Perikles diese Forderungen nicht gestellt haben würde. Weshalb hätte er denn 445 so leicht auf alle diese Gebiete verzichtet? Trözen und Achaja hatten als Bundesgenossen für Athen — so lange es an dem Perikleischen Grundgedanken einer puren Meeresherrschaft festhielt — geringen

Werth*). Tribute gaben sie jedenfalls nicht, konnten aber Athen leicht in Festlandskriege hineinziehen, die es ja nicht wollte. Anders mit Megara. Der gesicherte Besitz von Megara wäre für Athen das denkbar stärkste Bollwerk gewesen und hätte, wenn man etwa gar daneben Platää wieder aufbaute, zukünftigen Invasionen ein sehr schweres Hinderniß in den Weg gelegt. Grade deshalb hätte aber ein solcher Besitz die anderen Staaten so sehr gereizt, daß sie schwerlich lange Frieden gehalten und Alles daran gesetzt hätten, die Megarer wieder von Athen loszulösen. Will unsere Phantasie sich heute einmal die Aufgabe stellen, nachzudenken, wie Perikles diese Schwierigkeiten behandelt haben würde, so ließe sich etwa folgendes Bild entwerfen.

Megara durch den Besitz von Pagä und Nisäa gewaltsam niederzuhalten, genügte nicht; ein solcher Besitz, wenn auch an sich vortheilhaft, hätte doch fortwährend Gelegenheit zu Reibungen gegeben und dadurch Gefahren heraufbeschworen. Auch Megara mit Hülfe der Athener-Freunde in der Stadt wieder der athenischen Symmachie zuzuführen, genügte nicht. Eine innere Umwälzung in Megara warf eine solche Errungenschaft sofort wieder um. Eine wirkliche Erwerbung von höchstem Werth wäre Megara für Athen nur geworden, wenn es als eigenes Gemeinwesen aufgehört hätte zu existiren. So verfuhr Rom mit den Nachbarstädten, die zu nah lagen, um je Selbständigkeit und Freundschaft für Rom zu vereinigen. Athen hätte, diese Analogie auf seine Verhältnisse angewandt, etwa so ver-

*) Niese, Gött. Gel. Anz. 1886 S. 753.

fahren können, daß es die Megarer, oder einen großen Theil der Megarer nach Aegina verpflanzte, wo sie nicht mehr in der Lage waren, sich aus der athenischen Umklammerung zu befreien, Megara selbst aber mit athenischen Kleruchen besetzte.

Eine solche Gewaltthat hätte Athen mit eigenen Kräften nicht durchführen können. Es bedurfte einer starken Anlehnung oder directen Unterstützung. Die eigentlich unversöhnlichen Feinde Athens waren die Thebaner und Korinther, nicht die Spartaner. Mit den Spartanern konnte Athen auf Grund einer Theilung der Machtsphären rechnen, auf ziemlich lange in Frieden auszukommen. Sie boten thatsächlich 425 nicht nur Frieden, sondern Bündniß an, und im Peloponnes argwöhnte man bald, daß Sparta gestützt auf Athen die ganze Halbinsel unterjochen wolle (Thuc. V, 27 und 29). Dieser Argwohn mag uns als Fingerzeig dienen. Man stelle sich vor, daß ein athenischer Staatsmann den Vorschlag des Bündnisses angenommen hätte; Sparta nicht nur die Eingeschlossenen in Sphakteria freigegeben, nicht nur auf jede directe spartanische Concession verzichtet, sondern Sparta noch versprochen, ihm in Befestigung seiner Hegemonie auf dem Peloponnes behülflich zu sein, gegen die eine Bedingung, daß es den Athenern Megara verschaffte. Selbst wenn man Megara auf diesem Wege nicht gewonnen hätte, hätte man doch das fast noch Wichtigere erreicht, den feindlichen Bund zu sprengen und Mißtrauen und Argwohn zwischen die bisherigen Genossen zu säen. Dehnte Sparta wirklich seine Herrschaft auf dem Peloponnes aus: desto besser: es würde den Athenern gegen=

über nicht stärker, sondern schwächer geworden sein, wenn es eifrige Bundesgenossen in widerwillige Unterthanen verwandelte. Athen konnte nichts Klügeres thun, als Sparta in solchen Velleitäten zu unterstützen. Auf offenem Markt ließ sich dergleichen freilich nicht verhandeln. Aber ein Staatsmann von der Autorität des Perikles hätte vielleicht auf beiden Seiten so viel Vertrauen gehabt, daß er eine Cooperation zu Stande gebracht. Gewiß war es unendlich schwer. Wer sollte anfangen? Erst die Athener ihr werthvollstes Pfand, die Gefangenen herausgeben; erst die Spartaner durch Verrath, vielleicht Ueberfall, ihre bisherigen Bundesgenossen, die Megarer knechten und ausliefern? Mag man sich eine solche Idee nun als ausführbar vorstellen oder nicht: sie soll ja an dieser Stelle weiter nichts, als den abstracten Begriff, Athen Friedensbürgschaften zu verschaffen, einmal in concreter Form vorstellen. Auch andere Formen mögen ebenso gut und noch besser denkbar sein. Eins aber muß ihnen allen gemeinsam sein: der directe Erwerb ist für Athen nicht das Ziel selbst, sondern nur Mittel, und wichtiger als greifbarer Erwerb ist die Zerreißung des Bundesverhältnisses unter den Gegnern.

Messen wir nun an dieser ideellen Fortsetzung der Perikleischen Politik die Kleonische. Kleon widerstrebte dem Frieden, sagt Thucydides (V, 16), weil er glaubte, daß in ruhigen Verhältnissen seine Bosheit offenbar werden und seine Verläumdungen keinen Glauben mehr finden würden; dann aber erstrebte er auch für seine Stadt die Hegemonie. Der letzte Satz ist handschriftlich zweifelhaft und vielleicht (nach der älteren Interpretation) im ganz anderem Sinn zum Folgenden zu ziehen. Wir wollen ihn aber, da man sich ganz besonders zu Gunsten Kleons auf ihn beruft, so gelten lassen*). Wir wollen auch den ersten Theil des Thucydideischen Urtheils völlig bei Seite lassen und ohne Vorbehalt in völliger Reinheit den Satz hinstellen: Kleon erstrebte für Athen die Hegemonie. Wie würde der Staatsmann nun dastehn? Denken wir uns einen Alcibiades, von dem solches in diesem Zusammenhang gesagt würde, so würden wir von ihm urtheilen: ein Mann, dem sein Genius ihm selbst und seiner Vaterstadt zum Unheil gegeben worden ist; er wird glauben, aus ihm die Mittel schöpfen zu können, das Unmögliche möglich zu machen; gewaltige Thaten wird er vollbringen; er wird dem Ziel sehr nah kommen und er wird endlich doch unterliegen und seine Vaterstadt in den Abgrund stürzen. Aber da die Götter ihm das Genie einmal verliehen hatten, so hatte er ein Recht, sich das Höchste zuzutrauen und die Geschichte wird milde urtheilen über seinen Irrthum und ihn immer als einen Helden ehren.

Höher aber steht ihr ein Perikles, dem die Götter nicht

---

*) Der Fortgang und das endliche Resultat unserer Untersuchung könnte den Verdacht erwecken, als ob die Annahme der Herbst'schen Lesart und Interpretation der obigen Stelle (Philologus Bd. 42 S. 751) doch nicht im Sinne einer Concession an die Kleon-Vertheidiger geschehen sei. In der That bin ich auch nicht völlig sicher, daß die Lesart richtig ist und kann der von Stahl und auch von Herweerden angenommenen „τότε δὴ ἑκατέρᾳ τῇ πόλει σπεύδοντες τὰ μάλιστ᾽ αὐτὴν Πλειστοάναξ τε“ — nicht alle Wahrscheinlichkeit versagen. Für unser Räsonnement aber macht das keinen Unterschied: immer würde man den Versuch machen müssen Kleon zu analysiren auf Grund der Voraussetzung, daß er für Athen die Hegemonie erstrebte.

nur das Genie, sondern auch die Weisheit verliehen hatten, die Grenzen zu erkennen, die menschlichem Thun gesteckt sind.

Auf welche Eigenschaften gestützt vermaß sich Kleon seiner Vaterstadt die Hegemonie zu verschaffen? Besaß er in der Bürgerschaft eine solche Autorität, daß er hoffen konnte, sie werde sich in einer groß angelegten Politik auch durch Rückschläge hindurch stetig seiner Führung anvertrauen? War er der Mann an der Spitze der Bürgerschaft die großen Schlachten zu schlagen, in denen allein Hegemonien erworben werden? Hat er nur den Gedanken solcher Schlachten gefaßt? Wie weit war selbst der Einbruch in Böotien (424) von einem solchen Feldzug entfernt! Kleon ist es auch nicht eingefallen etwas Aehnliches zu wiederholen. Er ging nach Thracien — um hier die athenische Hegemonie zu begründen? Richtete man seinen Gedanken auf die Hegemonie, dann war Thracien ein sehr nebensächlicher Punkt. Wer hätte noch von Amphipolis gesprochen, wenn Theben erobert war und ein athenisches Heer bei Ithome stand? Die Recuperation von Amphipolis wäre auf dem Wege zur Begründung einer panhellenischen Hegemonie nicht eine Vorstufe gewesen, sondern ein Umweg und eine Störung. Die Hegemonie war nur zu begründen vermöge der Niederwerfungsstrategie; in dieser aber belagert man nach der schon oben allegirten Auseinandersetzung von Clausewitz (s. o. S. 18) nur „was man schlechterdings nicht unbelagert lassen kann". Man mag es sich ja ausmalen: wenn je ein Moment für Kriegführung im großen Styl gewesen war, so war es jetzt. „Nicht im Jahre 431 oder 430, wo der große Bund fest zusammenhielt und sich nach der Entscheidungsschlacht sehnte — sondern jetzt, wo die Gegner des Krieges satt und von Mißtrauen untereinander erfüllt, Argos aber auf dem Sprunge war, einzugreifen. Man mag sich vorstellen, daß in dieser Constellation nicht in einem kecken Vorstoß, wie er bei Delion scheiterte, sondern mit einer äußersten und anhaltenden Anspannung aller Kräfte, flankirt durch eine gewandte, diplomatisch hinhaltende Verhandlung mit Sparta ein großer Erfolg wenigstens gegen einen der Gegner, Theben, zu erreichen gewesen wäre. Zu einem solchen wirklichen Werben um die Hegemonie reichten aber in Wirklichkeit weder die materiellen noch die persönlichen Kräfte, die Kräfte der Führung in Athen aus. Niemand hätte auch nur den ersten Schritt, den von dem festen Willen der Durchführung getragenen Beschluß der athenischen Volksgemeinde durchzusetzen vermocht. Keinerlei Versuch, nicht einmal ein Vorschlag ist in Athen gemacht worden, von jetzt an den Krieg „niederwerfend" zu führen*).

Es ist kaum nöthig hinzuzufügen, mag aber zum Ueberfluß geschehen, daß für die Gegenpartei, für Brasidas, dem ja auch der Gedanke der Hegemonie, nämlich der spartanischen, untergelegt wird, dies Räsonnement nicht paßt. Um später einmal die spartanische Hegemonie aufzurichten, mußte

*) In den Bestrebungen Kleons im Winter 425/24 Argos auf die Seite Athens zu ziehen (Gilbert, Beitr. z. i. Gesch. Athens; Müller-Strübing, Jahrb. f. kl. Philol. 133 S. 645), ist nicht etwa der Anfang einer principiell anderen Kriegführung zu sehen. Das Entscheidende ist ja gerade, daß man sich hätte klar sein müssen, auch ohne Argos und zuletzt gegen Argos den Krieg zur Unterwerfung von ganz Griechenland führen zu wollen. Daß Kleon strebte, Argos zu gewinnen, ist nicht nur für ihn, sondern wie Müller-Strübing richtig bemerkt, für jeden athenischen Politiker etwas ganz Selbstverständliches.

erst die athenische aufgelöst werden und dies zu thun, war Brasidas auf dem ganz richtigen Weg.

Wozu ging Kleon nun nach Thracien? In dem Augenblick, wo man einen richtigen Frieden, das heißt nicht bloß Frieden, sondern Frieden und Bündniß zugleich mit Sparta schloß, da brauchte man keinen thracischen Feldzug mehr. Da gab es diplomatische Mittel genug, Brasidas aus jener Gegend zu entfernen oder wenigstens lahm zu legen und die thracischen Städte mit geringerem Aufwand wieder zu Athen zurückzuführen. Allerdings hätte Athen mit mehr Autorität und noch stolzerer Haltung in die neue Phase der Politik eintreten können, wenn es noch im vollen Kriege mit dem großen Bunde erst allein und aus eigner Kraft seine Herrschaft in Thracien wiederhergestellt hätte — aber so hat Kleon nicht gedacht. Er war es ja, der den Friedensabschluß verhinderte, als Amphipolis noch in den Händen Athens war. Für ihn, grade für ihn ist der thracische Feldzug auf keine Weise rationell zu begründen: entweder, er wollte Athen zur Herrschaft über ganz Griechenland erheben: dann mußte er Krieg im großen Styl führen und nicht auf solche Nebendinge wie Amphipolis die Kräfte verzetteln; oder er wollte einen verständigen Frieden: dann gebrauchte er den thracischen Feldzug nicht, wenigstens nicht eher, als durch den Frieden mit Sparta der Widerstandsmuth in Thracien gelähmt war. An große Kriegführung aber hat Kleon niemals gedacht und die Gelegenheit zu einem günstigen Frieden hat er nicht nur versäumt, sondern absichtlich zurückgestoßen.

Es ist in der Politik derselbe Mann, wie in der Kriegführung. Er hat überhaupt keinen positiven Gedanken.

Mit patziger Zuversichtlichkeit geht er auf das Nächstliegende los und ersicht so wirklich die beiden großen Erfolge von Sphakteria und Torone. Gleich darauf führt seine Gedankenlosigkeit ein tapferes und überlegenes Heer in eine bis zur Lächerlichkeit schimpfliche Niederlage. In der Politik will er nichts von Friedensverhandlungen wissen, trumpft auf mit unerhörten Bedingungen, bramarbasirt von der Hegemonie über ganz Hellas, die er Athen verschaffen wolle — zu Ende aber denkt er solche Gedanken nicht; Mittel, die zu dem so hoch gesteckten Ziel führen könnten, ergreift er nicht. Erst soll wenigstens Thracien wiedergewonnen werden, verlangt er, und man ist geneigt, ihm das zum Verdienst anzurechnen, ebenso wie Sphakteria — aber ebenso wie hier ist die Energie nur Schein, bloße Brutalität, denn sie ist planlos, ziellos, nur auf den Augenblick gerichtet. Er fühlt sich wohl in den aufgeregten Kriegszeiten, wo er auf der Tribüne schelten und schmählen und den Energischen spielen kann; in der gesetzten, ruhigen Friedensarbeit hätte er nicht gewußt, wie er auf die Massen wirken sollte. Hätte es in Athen einen Feldherrn gegeben von solchem Ansehen in der Volksversammlung und solchen Erfolgen im Felde, daß er den Einfluß des Volksmannes damit niedergedrückt hätte, so hätte Kleon sich vielleicht vorläufig auf die Seite der Friedensfreunde geschlagen. Aber ein solcher Feldherr, ein Feldherr an den sich die Kritik des Gerbers nicht hätte wagen dürfen, war ja nicht vorhanden; kriegerische Thaten, die mehr Einfluß gegeben hätten, als Kleonische Reden, wurden nicht vollbracht. Ohne Gefahr durfte also der Redner Kriegspolitik treiben. Grote's Einwand, daß der Demagog durch die Natur der Dinge immer auf eine friedliche Politik angewiesen sei, trifft unter den damaligen Umständen nicht zu. Wurde er selbst zum Feldherrn gewählt, so störte das freilich einigermaßen sein System — aber zuletzt so gut wie die Anderen und vielleicht besser getraute er sich auch noch selber zu machen. Daß eine große Politik nicht ohne große Kriegsthaten durchgeführt werden könne, daß zu großen Kriegsthaten ein Feldherr gehört, daß wenn weder die sachlichen noch die persönlichen Bedingungen zur Durchführung einer großen Politik vorhanden sind, die Besonnenheit die Aufsteckung eines geringeren Zieles fordert — alle solche Ueberlegungen waren ihm fremd. Gewaltsam, großmäulig, gedankenlos ist all' sein Thun. Er gehörte zu denen, von denen der Komödiendichter rühmte, daß sie den feigen Perikles bissen. Wie er vor den Mauern von Amphipolis steht und Brasidas schon den Ausfall vorbereitet, der ihn vernichten soll, da prahlt er, wenn er nur sein Sturmzeug mitgebracht, so würde er die Stadt ohne Weiteres wegnehmen; so leicht hätte er es sich garnicht gedacht. Das ist Kleon der Soldat. Er war für den Krieg, weil er in ruhigen Zeiten seine Bosheiten und sein Schimpfen nicht so hätte an den Mann bringen können; übrigens wollte er auch Athen die Hegemonie von ganz Griechenland verschaffen. Das ist Kleon der Politiker.

FSC
www.fsc.org
MIX
Papier | Fördert gute Waldnutzung
FSC® C083411

Kolibri 360 GmbH
Ferdinand-Jühlke-Straße 7
99095 Erfurt, Deutschland
produktsicherheit@kolibri360.de